高等职业教育教学管理研究

裴爱田 ◎ 著

吉林出版集团股份有限公司

图书在版编目（CIP）数据

高等职业教育教学管理研究 / 裴爱田著. — 长春：
吉林出版集团股份有限公司，2023.7
ISBN 978-7-5731-4024-1

Ⅰ. ①高… Ⅱ. ①裴… Ⅲ. ①高等职业教育—教育管
理—研究 Ⅳ. ①G718.5

中国国家版本馆 CIP 数据核字（2023）第 162617 号

高等职业教育教学管理研究

GAODENG ZHIYE JIAOYU JIAOXUE GUANLI YANJIU

著　　者	裴爱田	
出版策划	崔文辉	
责任编辑	侯　帅	
封面设计	文　一	
出　　版	吉林出版集团股份有限公司	
	（长春市福祉大路 5788 号，邮政编码：130118）	
发　　行	吉林出版集团译文图书经营有限公司	
	（http://shop34896900.taobao.com）	
电　　话	总编办：0431-81629909　营销部：0431-81629880/81629900	
印　　刷	廊坊市广阳区九洲印刷厂	
开　　本	787mm×1092mm　　1/16	
字　　数	294 千字	
印　　张	12	
版　　次	2023 年 7 月第 1 版	
印　　次	2024 年 1 月第 1 次印刷	
书　　号	ISBN 978-7-5731-4024-1	
定　　价	78.00 元	

如发现印装质量问题，影响阅读，请与印刷厂联系调换。电话：0316-2803040

前　言

职业教育是社会发展的产物，是人类文明进步的产物，是人自身发展的产物，也是与经济社会发展联系最紧密、服务最贴近、贡献最直接的教育类型。大力发展职业教育是近年来教育界不变的主题，也是党和国家的战略发展目标。随着国际竞争的日益加剧、科学技术的快速发展、现代产业体系的建立和完善及人力资源结构的合理调整，原有的职业教育理论和实践需要不断更新、发展、完善和创新。

在当前我国高职院校的管理转型工作中，教学管理问题比较突出，教学改革步伐缓慢，教学管理改革阻力较大，致使教学质量难以全面提升，这都严重制约了高职院校的自身发展与转型升级，不利于我国教育事业的质量提升。为此，大量的专家学者提出将企业管理模式，企业管理流程，企业管理理念等，逐步纳入高职院校的教学管理环节中，促使两种管理观念有机融合，以便借助于企业管理的价值与优势，全面促进高职院校的管理升级，以此满足高职院校的现实发展要求，这对于高职院校的稳步发展与管理转型具有一定的前瞻意义。

本书主要研究高等职业教育教学管理方面的问题，涉及丰富的教育教学管理知识。主要内容包括现代职业教育的基本理论、教育管理的科学理论基础、高职院校教学管理基础、高职院校教学质量与质量标准、高职教育质量管理组织机构、高职教育体系结构框架构建、高职教育学生教育管理创新等。本书在内容选取上既兼顾到知识的系统性，又考虑到可接受性，同时强调了教育教学管理的重要性。

由于笔者水平有限，本书难免存在不妥甚至谬误之处，敬请广大学界同人与读者朋友批评指正。

目　　录

第一章　现代职业教育的基本理论

第一节　现代职业教育的概念及内涵

一、职业的含义与特征

（一）职业的含义

在英语中，"vocation"一词意为由神感召而得到神职。在《牛津高级英汉双解词典》中，"vocation"指"工作、职业""占据某人时间的活动""（认为自己适合于做某事的）使命感""（对某种工作）天生的爱好或才能""行业、职业"。在我国，"职业"一词，最早见于《国语·鲁语》："昔武王克赏，通道于九夷百蛮，使各以其方略来贡，使勿忘职业"。这里的"职"指执掌之事；"业"是古代记事的方法，把要做的事在木棒上刻成锯齿状，有多少事情就刻多少个齿，做完一件就刻一个齿，即"修业"，所以，"业"的含义是事。"职业"即为分内应做之事，与一定的社会分工和完成某件事所需要的技术、技能相联系。

从职业发展历史看，随着奴隶社会的不断发展，农业与手工业、畜牧业不断分离，导致了脑力与体力劳动的逐渐分离，并出现了最早的职业。在古代，有"官有职，民有业"一说。这里的"职"与"业"主要指的是朝廷人员与老百姓所从事的主要工作："职"指的是官事；"业"指的是农、牧、工、商，也就是今天所指的行业。可见，在我国古代，"职"与"业"是分开赋予含义的。较早地完整使用"职业"一词是在《荀子·富国》："事业所恶也，功利所好也，职业无分，如是，则人有树事之患，而有争功之祸矣。"到了近代，随着社会的进步，社会分工日益精细化与复杂化，"职""业"逐渐地被一起使用，主要含义是指个人在社会中所从事的并以其为主要生活来源的合法工作的种类。

现代的"职业"含义是指，人们在社会中所从事的、相对稳定的、作为主要生活来源的，并以此为社会服务和体现自我价值的专门合法工作。可见，职业是参与社会分工，利用专门的知识和技能，为社会创造物质财富和精神财富，获取合理报酬作为物质生活来源，并满足精神需求的工作。它包含五个方面的内涵：第一，职业必须是社会分工产生的，为社会所承认的有益的工作，与人类的需求和职业结构相关；第二，职业必须是相对稳定的，不是可有可无的，也不是临时的，有一定的连续性，与职业的内在属性相关，强调利用专门的知识和技能；第三，职业必须是为群众服务的，是服务于社会也是社会所必需的，从而也是个人发展和实现人生价值的主要渠道；第四，职业与社会伦理相关，强调创造物质财富和精神财富，获得合理报酬；第五，职业是能够为己谋生的，是个人愿意以此获取生活资料的主要来源，与个人生活相关。

（二）职业的特征

职业作为一种劳动，既有一般劳动形式的特征，也在产生和发展的过程中逐渐形成了可以与其他劳动形式相区别的特征。当代职业的特征主要表现在以下几个方面：

1. 目的性

职业以获得一定的回报为目的。这种回报不一定仅限于物质、金钱等报酬，还可包括理想的实现、个人价值的实现、兴趣爱好的满足等。

2. 规定性

职业对从业人员素质具有一定的规定和内在要求。从事特定职业的从业人员必须达到职业所要求的专门素质，同时，从业人员必须在其中承担一定的职责。

3. 社会性

职业是从业人员在特定社会生活环境中所从事的一种与其他社会成员相互关联、相互服务的社会活动。

4. 稳定性

职业在一定的历史时期形成，并具有一定的生命周期。

5. 规范性

职业必须符合国家的法律，符合从业标准和社会道德规范。

6. 群体性

职业具有一定规模，它是群体的共同行为。达不到一定数量的从业人员的劳动不能称为职业。

7. 可变性

职业的内涵与种类并不是一成不变的，它会随着社会经济、产业结构的变化而发生改变。

8. 经济性

对个人，职业是个人获取生活资料的主要途径；对社会，个人从事职业是促进社会经济发展的重要环节。

9. 技术性

不存在没有知识、技术的职业。特别在进入知识经济时代后，各种职业的技术含量在不断增加，技术性更加突出。

10. 专门性

任何一个职业都是要不断发展和完善的，因此，它的专门性会越来越强，专业化程度也会越来越高。

11. 时代性

职业是不断发展变化的。新的职业不断产生，旧的职业不断消亡，每个时代都有自己的特色职业。

12. 多样性

社会分工越来越细，职业的种类也必将越来越多，且具有多样性的特点。

13. 发展性

职业是人类发展的舞台，任何人的发展都离不开职业。

二、职业教育的概念

职业教育是一种复杂的教育活动，对其概念的认识也是复杂多样的。下面将从广义与狭义、外部与内部四个角度对其概念做归纳和分析。

从广义的角度理解"职业教育"的概念包括三层含义：所有的教育和培训都具有职业性，均有职业导向，因为所有的教育都影响着个人的职业；职业教育和培训包含了所有类型的技术传授；职业教育既可以在家庭中传授，也可在工作单位或正规院校传授。从狭义的角度理解"职业教育"的概念也包括三层含义：职业教育就是培养高级工匠的教育；职业教育和培训仅包含操作性技能之类的技术传授；职业教育是同普通教育相对的，以专门培养中级专业技术人才为目的的学校教育，它处于大学层次之下，反映了教育体系内部的结构与分工。显然，广义的"职业教育"的概念混淆了职业教育与其他类型教育，未区分出职业教育所传授的特定技术类型，而狭义的"职业教育"的概念又把职业教育局限于操作技能训练和中等层次的程度上，因此，二者都没有真实地、全面地反映出现代职业教育的真谛。

2001年，联合国教科文组织修订的《关于技术与职业教育的建议》认为："'技术与职业教育'是作为一个综合术语来使用的。它所指的教育过程除涉及普通教育外，还涉及与学习、经济和社会生活各部门的职业有关的技术和各门科学，以及获得相关学科的实际技能、态度、理解力和知识。技术与职业教育进一步被理解为：（1）普通教育的一个组成部分；（2）准备进入某一就业领域以及有效加入职业界的一种手段；（3）终身学习的一个方面以及成为负责任的公民的一种准备；（4）有利于环境的可持续发展的一种手段；（5）促进消除贫困的一种方法。"联合国教科文组织所提出的上述解读，主要从职业教育的外部关系阐述了职业教育的外延和作用。这样的表述更易于让大多数国家的政府接受，并重视职业教育，这正是其用意所在。

职业教育还需要从其内部来审视其内涵。有学者论述了职业教育应该是一种不同于普通教育的独特的教育类型，应该把职业学校真正办成遵循职业教育规律和特性，体现职业教育价值的教育机构，而不是作为低于普通学校的"二流"学校。还有学者将职业教育的概念表述为，"职业教育是培养技术应用型、技能型人才的一种教育或培训服务"，并将其理解为五个要点：职业教育是教育的一种类型；职业教育培养的是技术应用型、技能型职业的人才，而不是培养所有职业的人才；职业教育是一种服务业，它为准备成为技术技能型人才提供教育服务；职业教育培养的是人才，是在普通教育基础上进行的；职业教育具有层次之分，旨在培养技术应用型与技能型两类人才。

作为独特教育类型的职业教育，在课程方面，是以就业能力为导向的能力本位课程或工作过程课程；在教学方面，实施行动导向教学，实行工学结合的人才培养模式；在学生评价方面，要求以学生获得职业胜任能力和职业资格为依据，重行而不唯知；在教师评价方面，要从重升学率和学术成果转向重就业导向的课程开发和教学应用与转化；在管理制度方面，要建立起符合职业教育规律与特色的管理制度；在教育体系方面，职业教育是横向"结成"体系，而普通教育纵向"自成"体系。

综上所述，职业教育是终身学习的重要组成部分，是全民教育的主要承担者，是以培养符合职业或劳动环境所需要的技能型人才为目标的一种教育类型。它以职业需要为导向，以实践应用性技术和技艺为主要内容，传授职业活动必需的职业技能、知识、态度，并使学习者获得或者扩展职业行动能力，进而获得相应的职业资格。职业教育所培养的人才是技能型人才，进一步可以分为技术应用型人才和操作技能型人才，两者都需要具备一定的理论技术、实践技术、心智技能和运动技能，都需要在生产或服务的一线通过行动将已有的设计、规范和决策转化为产品或服务成果。

三、职业教育的内涵

职业教育是终身教育体系中在基础教育之上，为引导学生掌握某一特定职业或职业群中从业所需的实际技能、知识和认识的教育服务，是使受教育者获得某种职业或生产劳动所需要的职业技能、知识、职业道德的教育，其目的是培养技能型应用人才和具有一定文化水平及专业知识技能的劳动者。

职业教育是社会发展的产物，是人类文明发展的产物，是人自身发展到某个特殊时期的产物。职业教育受益于社会，促进社会发展是职业教育的应有之义和神圣职责。职业教育应包括两部分内容：①职业技术学校教育，即学历性的职业教育，分为初等、中等、高等职业学校教育；②职业培训，按照职业需求或劳动岗位的要求，以开发和提高劳动者的职业技能为目的的教育和训练活动，是非学历性的短期职业教育。职业培训的形式多种多样。目前，我国的职业培训包括从业前培训、转业培训、学徒培训、在岗培训、转岗培训及其他职业性培训。根据实际情况，也可以将职业培训分为初级、中级、高级职业培训。因此，我们必须从以下几个方面准确把握职业教育的内涵。

（一）职业教育是终身教育体系的一个组成部分

职业教育是相对于其他教育存在的，没有其他类型教育也就不存在职业教育，并且职业教育是教育的重要组成部分，它对人的职业化、经济社会发展和消除贫困等具有重要价值。就个人而言，人对教育有基本需求、从业需求和闲暇需求，而职业教育可以满足人的从业需求。因此，职业教育是人终身教育和人全面发展的一个方面、一个阶段、一个重点。

（二）职业教育是建立在基础教育之上的

接受职业教育需要以一定的科学文化知识为基础。受教育水平是接受何种层次职业教育的重要准入依据。高等职业教育以普通高中教育为基础，中等职业教育以初中文化教育为基础，初等职业教育以小学文化为基础。

（三）职业教育是职业定向教育

定向教育是以职业或职业群为主要依据的专业类别培养人才的方式。无论是全日制职业教育、部分时间制职业教育，还是职业培训，都是给予学生或在业人员从事某种特定职业或职业群所需的实际知识、技能和态度的教育，是为就业、转业做准备的，就是使"无业者有业，有业者乐业"。完成职业教育课程后，可以获得所在国的主管当局（教育部、雇主协会等）认可的在劳务市场上从业的资格。职业人才有多种类型、多种层次。

（四）职业教育面向部分人群

职业教育主要面向技术性、技能性职业者。非技术性职业者、学术性职业者、工程性职业者等，均无须接受职业教育。由于国度不同，时代不同，技术性、技能性职业的声望和社会地位不同，职业教育的地位与作用差别较大。

（五）职业教育是一种服务

职业教育过程分别由教育、教学、管理和服务构成。职业教育过程的结果是转变学生。学生是顾客，职业教育机构向学生提供了学习、生活、劳动的设备设施，通过教职工的教育、教学、服务过程为学生提供特定职业或职业群所需的知识、信息、方法，提高学生从业的实际技能、知识、认识，以及认识世界、改造世界的能力。因此，职业教育是一种高尚的服务业。

第二节 现代职业教育的基本理论

一、现代职业教育的属性

（一）现代职业教育是一种主体教育

传统职业教育追求的是对受教育者进行某种技能教育，强调受教育者对教师、学校和社会的机械服从和顺应。这种见物不见人的教育把受教育者当作教育的客体加以塑造，而不是当成教育的主体来加以培养，其塑造出来的人，缺乏主体意识和创新精神。因而，职业教育也要和其他教育一样，全面贯彻党的教育方针，而且要面向全体学生，要注意学生的个体差异，促进人的个性在职业领域里的全面发展。

（二）现代职业教育是一种全民教育

由于职业教育是一种就业教育，所以它同时也是一种大众化的教育。职业教育在满足社会上个人的需要和开发个人潜能的同时，为所有人提供了技能的教育，尤其对在职人员和失业者提供培训、再培训，并获得受教育的均等机会。职业教育的普及与其提供的学习技能，将会促进全世界所有公民接受教育。

（三）现代职业教育是一种文化教育

"文化教育"在这里指的是一种理念文化，包括价值观念、道德观念和思维方式。实施职业启蒙教育阶段，职业教育渗透到基础教育，大力开展劳动技术教育，培养中小学生的劳动意识和劳动习惯，可使他们从小就树立劳动至上的价值观，为学会做事奠定良好基础；实施职业准备教育阶段，在传授一定文化知识和技能的同时，加强职业道德教育，培养学生学会做人，使其日后上岗就业能够热爱本职工作，无私奉献，为个人服务社会从而为社会做出贡献奠定基础；实施职业继续教育阶段，由于树立了劳动的价值观，可以使人懂得作为社会人应与社会及其他社会人和谐相处，并依靠自己的双手创造财富。

（四）现代职业教育是一种终身教育

正如《学会生存》报告中说的，不应该培养青年人和成人从事一种特定的、终身不变的职业，而应培养他们有能力在各种专业中尽可能多地流动，并刺激他们自我学习和培训自己的欲望。随着生产力的发展和社会的进步，人的职业、岗位职业能力会经常变动、更新，这就需要不断地参加这样或那样的职业技术学习，接受继续教育或培训。因此，职业教育是一种终身教育。

二、对职业教育功能的理解

（一）由单纯地针对职业岗位扩展到着眼于整个职业生涯

在现代社会中社会就业人员的利益导向和价值走势，使其职业经常变更，一个人一辈子固定在一个行业或一个岗位上的时代即将消失。我国自改革开放以来，人才流动已逐渐成为一种常见的社会现象，社会成员正由"单位人"逐渐走向"社会人"。这种就业需求，必然对职业教育的目标和内涵产生影响。

（二）由满足上岗要求走向适应社会发展

职业能力不仅指操作技能或动手能力，而且指综合的、称职的就业能力，包括知识、技能、经验、态度等，即为完成职业任务所需的全部内容。在职业能力的内涵中，应十分注重合作能力、公关能力、解决矛盾的能力、心理承受能力和竞争能力等非技术的职业素质，同时，随着科学技术的迅猛发展，使社会职业岗位的内涵与外延处于不断变动中。因而，职业教育的教学计划不能仅着眼于当前上岗能力的需要，还应注重学生对职业岗位变动的良好适应性和就业弹性的需要。

（三）由提供学历和文凭向多方面延伸

职业教育体系总体上分为学历教育、非学历教育与培训两大部分。学历教育是以较长的连续时间，系统地培养基层一线的技术型人才为主。学历教育有中等职业教育和高等职业教育两个层次。在非学历教育与培训中，一部分是资格证书教育、工人技术等级培训，另一部分是岗位培训、在职进修培训和短期就业培训。随着我国加入 WTO，实施"走出去"的战略，职业教育的功能还将由培养国内人才扩展为培养国际人才。

三、职业教育应有的理念

（一）新的职业理念

1. 动态的职业观

伴随着世界经济的发展，产业结构、行业结构和技术结构都发生了深刻的变化。行业的兴衰关系职业的存亡，而技术结构的变化又直接影响着职业结构的构成。为了适应职业的动态变化过程，职业教育工作者要有长远的眼光，不仅应当了解过去和现在社会职业的状况，还应当看到五年、十年甚至更长时期内职业教育的发展方向。对社会职业变化的高度敏感性和适应性将是职业教育在变化的时代立足和兴旺的根本。为此，高职院校必须十分关注社会职业的变化，不断加强办学条件建设，增强发展潜力，及时调整教学计划、教学内容、教学方式以及教学要求，以增强人才培养工作的适应性。

2. 整体的职业观

工业社会过细的劳动分工使人的职业发展出现了单一化，人的一生往往被束缚在一个零件的制造或某道工序的操作上。为了改变这一状况并增强学生对工作和未来生活的整体适应性，职业教育必须树立整体的职业观，扩大教学与训练的辐射面，培养学生多方面的工作能力，尤其是分析、判断、决策和行动的能力。

3. 人文的职业观

职业至上论和人文教育之争在普通高等教育领域由来已久，在高等职业教育中两者之间的矛盾更是特别突出。长期以来，中外高等职业教育都存在"唯职业论"的声音。人们以为，职业教育的宗旨就是为学生将来从事某种职业做准备，因此，高职院校围绕职业技术组织教学与培训工作是天经地义的事情。但我们说，帮助学生获得职业技能本身并无不妥，但如何认识学生将要从事的职业，如何培养学生具备承担完成职业使命的能力却值得人们更加深入地思考。

职业并不是孤立存在的。从根本上说，职业是人类社会分工的产物，职业的本质不在于职业所要求的技术，而在于职业的社会价值。职业的社会价值的实现离不开技术，但仅仅依靠技术是远远不够的，它还要求从事职业的人具有正确的社会价值观、人生观，具有必要的人际交往能力以及其他社会生活能力。对于个人而言，职业与人们的生活更是有着不可分割的联系，职业不仅是人们谋生的渠道，还是人们从事社会生活并实现人生社会价值的舞台。现代工商业生产与服务把各种职业有机地融合在一起，信息技术的发展不但强化了各种职业之间的联系，更强化了人与人之间的联系。因此，职业教育不能单纯地着眼于技术的训练，还要从职业的人文性出发，加强学生的人文素质教育，提高学生的社会人际交往能力、社会价值判断与审美能力、社会组织与协调能力等。

（二）人本理念

1. 学生中心观

高职院校是学生开始职业生活和社会生活的桥梁，他们只有在这里获得了全面、自由而充分的发展，才能在一个变化万千的时代，在职业生活和社会生活中游刃有余，与时俱进。为此，高职院校必须树立起以学生为中心的观念，以学生的发展为自己的根本目标。在考虑学生整体特点的情况下，注意学生的个体差异，做到因材施教，为学生当前的生活、以后的生存和发展打下基础。

2. 素质教育观

职业教育不是一种终结性的教育，而是服务于学生发展的终身教育。职业教育不仅要适时地根据受教育者的需求特点在办学方式上做出一定的调整，更主要的还是要为受教育者以后的发展打下扎实的基础，提供良好的素质。这种素质不仅表现在过硬的专业技能上，还应表现在具有深厚的理论基础上。受过职业教育的学生能够根据社会和职业的变化及时地对自己做出相应的调整，并实现个体持续的良性发展。如自我学习、形势分析和判断等方面的能力。

第三节　现代职业教育的基本特征

一、职业性

职业性是指职业教育培养生产、服务、技术和管理所需要的高素质劳动者和技术型、技能型人才。其具有以职业为导向，为就业服务的特点。

职业是职业教育的基础，是规范职业教育的专业、课程和评价的标准。如杜威所讲："一种职业必须是信息和观念的组织原则，是知识和智力发展的组织原则。职业给我们一个轴心，它把大量变化多样的细节贯穿起来，它使种种经验、事实和信息的细目彼此井井有条。"

职业教育培养是现代职业培养生产、管理、服务所需的具有综合职业能力的应用型人才的实践活动。职业教育以学生能够就业，并能使学生在未来的职业实践中得到发展为主要目标，教学内容以学生就业岗位需要为导向，教学环境强调与真实的环境相同或相似。

职业性并不排斥文化修养、人文道德，而是融人力、知识、技术、技艺、工作的任务与过程及行动、道德、价值、精神等于一体。同时，职业教育重视培养学生良好的职业道德、职业意识、职业纪律、职业习惯，以及忠于职守的敬业精神，其教学计划、教学过程、教学方法、教学组织、生产实习和教学实习等，都与社会职业需要，与学生的职业活动、文化修养紧密联系。

二、技术性

技术通过职业教育内化到劳动者身上，才能转化为现实生产力，发挥出它的功能。技术的演变会影响职业教育发展的结构、层次、规模、课程和方法等。技术结构及产业结构的变化推动着职业教育结构的演变。技术革命及其引发的社会生产方式的变革决定着职业教育思想的发生和发展，技术革命导致了职业教育技术制度的变革。

技术可分为经验型技术、实体型技术和知识型技术。它们都是职业教育课程的主要内容。职业教育的教学过程也充分体现了技术的属性、技术传授的规律和要求。技术的学习需要重复，但重复不排斥创新。

技术的进步推动了职业教育办学模式和人才培养模式的改革。职业院校应该紧跟技术的不断进步，通过产教结合、工学结合的基本途径，使得教育与训练并重，促进学习者对新技术和新工艺的掌握，提高其就业能力。

三、社会性

世界各国的职业教育各具特色，但凡成功模式的职业教育都与本国社会实际紧密结合。社会环境适宜职业教育的发展，职业教育就能有效地促进经济社会的发展。服务于社会是职业教育的宗旨。职业学校，从其本质说来，就是社会性；从其作用说来，就是社会化。职业学校的基础，是完全构筑于社会需要之上的。职业教育不可能脱离社会环境，因为它与社会劳动就业直接联系，而劳动就业又是高度综合性的社会工程，涉及国家和地域的资源、人口、经济、政治、科学、文化、社会习俗观念、有关制度措施等各个方面，所以，这些都牵动着职业教育的办学。另外，职业教育诸如联合办学，定向、委托培训等办学途径，也使得职业院校必然受社会多方的制约。

职业教育又是一种社会需求制约型的教育。其培养目标、发展规模、结构和速度，既受社会需求的推动，又受社会需求的约束。在不同的历史时期，随着社会需求的变化，必然会引发职业教育的发展与变革。

职业教育对社会环境的高度依存性，要求其办学必须是开放的、灵活的。职业教育只有吸纳全社会的力量才能办好。除在培养目标的确定、专业的设置、教学内容和教学方式的选择等方面要紧贴社会实际需要之外，在教学、课程、评价和管理等实施过程中，职业教育也需要行业企业的参与和支持，必须广泛吸纳社会力量，与生产劳动和社会实践紧密结合，走工学结合之路，实行灵活多样的人才培养模式，只有这样，职业教育的培养目标才能实现。

四、实践性

教育部《关于深化职业教育教学改革全面提高人才培养质量的若干意见》中要求，要加强实践性教学，实践性教学课时原则上要占总课时数一半以上。职业教育过程就是实践的过程，实践贯穿于职业教育的始终。

（一）教学内容突出实践性

职业教育在教学内容的选择上不过分强调专业的学术性、系统性、完整性和理论性。基础理论课的内容以必需和够用为原则，重理论知识中相关结论的使用而轻其推导过程。教学内容的着重点在实践操作和专业技能的培养上，丢弃了那种学生听得多、看得多，重理论、动手少的教学方法，而采用以实践为重、为先的方法，先做后学、先学后教、以需定教。

（二）教学方法上突出实践性

在课程安排上先建立实践教学体系，后建立理论教学体系；先进行专业课教学，后进行基础课教学；在具体教学中，尝试先让学生动手做一做，然后归纳总结，再有针对性地开展理论学习。

（三）教学过程突出实践性

国内职业教育的教学过程，都无一例外地选择了突出实践性的工学结合、产教结合的教学模式。在整个教学过程中，院校的教学实训与企业实习交叉进行，从而使教学更具实践性、应用性，也更贴近企业对学生技能的要求。

五、大众性

职业教育的大众性即职业教育的人民性。职业教育是面向人的教育。因此，职业教育必须有教无类，必须代表人民群众的教育利益，最大限度地满足广大民众的需要，以服务民众为宗旨，保证人人享有平等的接受职业教育与培训的机会，使职业指导和职业咨询面向社会所有成员。在当今社会，绝大多数的社会职业都需要经过一定的职业训练，并由获得职业资格的人来从事，这就决定了每个公民都必须接受一定的职业教育。

六、终身性

职业教育贯穿于人的一生，是实现终身教育的一种形式。一个人在一生中只有接受多次职业教育，才能不断地具有胜任各项工作的能力。在基础教育阶段，可以对儿童进行包括职业意识、劳动光荣等最基本的职业素质教育；进入初中阶段后，接受职业教育的机会越来越多，既可以通过普通教育教学内容的渗透接受初级职业教育和培训，也可以通过分流接受以就业为导向的职业教育；进入社会以后，人们也必须根据生产科技发展的需要，接受各种职业培训，以完善自己；当人们到达一定年龄，离开职业岗位，仍然可以根据自己的特点和需求，选择职业教育的内容和类型，以充实自己、完善自己，满足自己对教育享受的需要。职业教育应以更加开放和宽阔的胸怀，更加灵活多样的课程和教学模式，提供终身学习的机会和途径。

七、市场性

职业教育要满足市场对人才的需求。如果只是按教育规律办学而不考虑人才市场的需求，那么培养出来的学生，无论质量有多高，都无法实现就业；而如果只是按人才市场需求办学，在教育过程中不尊重教育规律，那就培养不出高素质的人才。因此，职业教育既要按教育规律办学，又必须按市场规律运作，这就是说，职业教育要具有市场性。

职业教育在办学指导思想上应确立以人才市场需求为导向的运作模式。

市场的需求就是设置专业的依据，企业对岗位或岗位群的具体要求就是职业教育课程和教学内容的要求，具体目标是教学要求与职业岗位要求零距离。因此，职业教育要注重相关专业领域的最新技术发展，并根据发展实际调整课程结构和教学内容，做到教学内容及时反映本专业领域的新知识、新技术、新工艺、新方法，使教学内容与经济发展相适应，与技术改革相同步。

八、多样性

突出职业教育的特点，达到教学目的，关键是教学方法。职业教育对象的多样性和教学内容的技术性、实践性，决定其教学方法应该是灵活的、多种多样的。在具体的教学过程中，应该打破传统的教室与讲台的课堂模式，根据不同的教育对象和教学内容，采取具有实效性的教学方式，多角度、多方位地拓宽课堂、搞活课堂。除了讲授、讨论、问答等方式外，更多的可以采用观摩的方式、动手的方式、模拟操作的方式、双师型教师指导方式、技师带徒弟方式、实际工作岗位锻炼方式、心理考验和心理锻炼的方式等。职业教育教与学的场所，可以不受校园圈子的限制，可以在工厂车间、在田间地头进行；可以不受普通学历教育和传统上所要求的学制年限的制约，而是根据教育对象所学内容的不同有较大的弹性；在时间上可以是几年、几个月，可以是全日制也可以是利用业余的时间。

九、直接性

职业教育是一种产业。是产业就要讲求效益，就要讲投入与产出。职业教育的投入与产出的循环周期较短。也就是说，职业教育的效益体现得比较直接。职业教育的教学内容直观而实际，具有较强的针对性和实际操作性。不论是高层次的职业教育，还是针对性较强的职业培训，接受教育和培训的个人都能很快地把自己学到的技术和技能运用到生产实际或经济建设的实际中去，发挥所学知识与技能的作用，提高劳动生产率，在短时间内创造出物质财富和提高经济收入，投入者都能很快从中受益。因此，不论是提高在岗人员的知识和技术水平，还是为下岗人员创造再就业的条件，或是为广大的农业劳动者传授农业科学知识，都能够直接地从职业教育中很快获得收益。

十、适应性

职业教育的适应性就是随着社会经济的变化，特别是生产技术水平的提高，而变化自身特性或发展方式的能力。它区别于普通教育的规定性，是其独有的特征。职业教育的适应性表现在：①职业教育制度的适应。国家发展职业教育，建立健全适应社会主义市场经济和社会进步需要的职业教育制度，包括办学方向、办学层次、教学内容、职业培训机构及对职业教育管理等，始终处于主动适应的位置，适应社会经济发展的需要。②职业教育对象的适应。受教育者不应只是具有过于狭隘的职业性质或局限于一种技能的掌握，因为瞬息万变是这个时代的特征，所以，未来职教的主要目的必须使青年有很强的适应性。

十一、中介性

职业教育是把人力优势转化为智力优势，再把智力优势转化为生产力的重要桥梁，它还是教育与职业之间沟通的渠道。"教育不与职业沟通，何怪百业之不进步""要发展社会，革新教育，舍沟通教育与职业无所为计"，由此表明，职业教育的中介性就是指职业教育在人的发展和社会发展之间、教育和职业之间的特殊位置。就是说，职业教育促进人的个性发展和社会进步，不是普遍性或者是特殊对象性的，而是直接对应于社会需要和个人生存的，是促进科学精神与人文精神的结合，是促进社会发展需要的个性素质，是使人的个性更适应社会直接需要的发展的、提高的、更新的中介加工。

十二、产业性

职业教育兼具教育性、产业性的双重特性，其与市场经济的有机融合，主要是通过人才供需关系的平衡协调来实现的。职业教育的产业化运作是指，职业教育的运行机制和管理模式要面向市场，进行投入与产出分析，并对其成本进行严格核算。职业院校要在国家的宏观调控下，按教育规律和市场规律办事，成为自主管理、自主办学的法人实体，逐步形成"原料采集（招生引资）"—"生产（教育教学）"—"销售及售后服务（推荐就业及业后培训）"一条龙自主运行机制。

第四节 现代职业教育的目的与任务

职业教育以实现技术技能强国、全面发展、人人成才、尽展其才为目的；以实现合理的人力资源结构支撑国家产业发展，培养具有良好的思想道德、知识技能和人文素养的技术技能人才，让每个学生都成为有用之才，回应农村和城市低收入家庭对美好生活的期盼，形成以实践和贡献评价人才，全社会尊重技术技能人才的文化价值观为任务。

一、职业教育的目的

（一）职业教育目的的内涵

现代职业教育是适应现代科学技术和生产方式，系统地培养生产服务一线技术技能人才的教育类型。社会对职业教育的要求就是对人才规格和质量的要求，即职业教育目的。

职业教育的目的是根据不同社会的政治、经济、文化、科学、技术发展的要求和受教育者身心发展的状况确定的，它反映一定社会对受教育者的要求，是职业教育工作的出发点和努力方向，是制订其教育规划、编制课程、开展教育活动、评价教育效果的价值尺度和根本依据，是进行教育教学改革，确定未来发展方向的基本指南。

一个国家的职业教育的目的，是这个国家教育总目的和教育方针在职业教育系统中的具体反映，也是各级各类职业技术院校确定培养目标的依据。

职业教育目的具有明显的时代性、适应性、前瞻性、相对稳定性和连续性。至今，关于职业教育的教育目的，虽还没有一个完整而公认的表述，但综观我国各个历史时期对职业教育目的的阐述，它应包含以下内容。

1.全面发展。不同时期、不同层次、不同专业的职业教育目的，无不要求接受职业教育的对象能够全面发展。

2.人才类型是技能型和技术型。

3.人才层次是初、中、高级专门人才。目前，职业教育呈现层次高移的趋势，人才层次以高级专门人才为主。

4.工作场合是基层部门、生产一线和工作现场。

5.工作内涵是将成熟的技术和管理规范变为现实的生产和服务。

（二）职业教育目的的结构体系

职业教育目的是指国家总的职业教育目的，即国家对职业教育应培养什么样的人的总要求。各种类型职业技术院校，无论具体培养什么社会领域的人才，也无论培养哪个层次的人才，都必须使其培养的对象符合国家提出的教育总要求。我国现行的职业教育目的是培养一大批有一定科学文化基础和较强综合职业能力的，德、智、体、美等全面发展的，在生产、技术、服务、管理等一线工作的各级各类专门人才。

1.教育目的

教育目的是国家对培养人的总要求，是对所有受教育者提出的，具有高度概括性的总体性说明。不同类型教育的目的，在总教育目的的规范下，分别侧重为社会培养所需要的人。

2. 培养目标

培养目标是各级各类院校对培养人的要求，是教育目的的具体体现，是针对特定的对象提出的，是根据院校性质对培养人提出的特定要求。

3. 教学目标

教学目标是教育者在教育教学过程中完成某一阶段工作时，希望受教育者达到的要求或产生的变化结果。它是课程教学目标及教学过程中的教学目标，是指导、实施、评价教学的基本依据。

4. 课程目标

课程目标是指导整个课程编制过程的最为关键的准则。确定课程目标，首先，要明确课程与教育目的、培养目标之间的衔接关系，以便确保这些要求在课程中得到体现；其次，要对学生的特点、社会的需求和学科发展等各方面进行研究。教学目标是课程目标的进一步具体化。

在职业教育目的的层次结构内部与上下层之间抽象与具体的关系，上层教育目的必须落实到一系列下层目标的行动上，而每一项教育行动又是构成上层教育目的必不可少的一部分。教育、教学目标循序渐进地积累，不断向培养目标和教育目的逼近，最后达到教育目的的要求。需要指出是，"目标"与"目的"有习惯上的区别，相对而言，目标比目的更精确、更具体。教育目的对教育实践具有方向性的引导作用，适用于一个较长的时期；而教育、教学目标则为师生实现教育目的提供工具、启示方法和指导步骤，它往往是为一定的学校、专业、课程和个人设定的，容易在短期内实现。目标可以检测，而目的不能检测，但在教学中必须领会目的。

二、职业教育的任务

职业教育的任务是职业院校为达到教育目的和学习培养目标而设计的教育、教学活动的对象，是教育目的的具体化，上承教育目的、下启教学内容，并对教育教学方法、组织管理都有直接的影响。

（一）坚持育人为本，德育为先，把立德树人作为根本任务

职业教育坚持立德树人，就是要全面贯彻党的教育方针，遵循职业教育规律和技术技能型人才的成长规律，培养德、智、体、美全面发展的社会主义建设者和接班人。立德树人，重在全面发展，使技术技能人才重点具备三个方面的素质：一是体现社会主义核心价值观要求的思想道德素质；二是以支撑职业生涯发展为重点的知识技能素质；三是以提升生活品质和审美情趣为重点的人文素养。

（二）使学生掌握一定的职业基础知识和运用这些知识解决实际问题的技能、技巧，为学生今后就业和继续学习奠定坚实的基础

首先是在某一职业领域具有相对稳定和广泛适应的职业基础知识的教育。如有关某职业领域的基本事实、基本概念、基本原理、一般规律、劳动常识、科学的工作方法等，这是职业教育中教学的基本任务。其次是职业能力教育，包括技能和技巧两个方面：技能是指与学习相关的基础知识所必需的，按一定规则与程序完成操作的能力；技巧则是熟练化、自动化的技能。知识是内

在的、静态化的东西，而技能、技巧是运用知识完成一定任务的能力。技能、技巧不仅表现在动作方面，还表现在心智方面，如智慧技能（读、写、算的技能）、感觉技能（听觉、触觉、嗅觉、视觉等技能）。

（三）围绕提高学生的职业能力，发展其智力、体力

提高学生的职业能力是职业教育中教学的主要任务，职业能力是一种综合实践能力，是职业活动的核心，这是由教育培养目标和其教学目的所决定的。一个受过职业教育和培训的人，应该具备适应岗位工作的能力，能够独立工作并具有进一步提高工作效率的能力，同时，要具备与职业相关的知识和态度，以及实践经验、动手能力和自学、自我评价能力。

职业教育中的教学，一方面，追求"职业适应能力"这一基本目标；另一方面，旨在开发学生潜在职业能力和一般能力，其中"智力"和"体力"是发展职业能力的两大支柱。发展学生的智力必须对前人的知识、经验合理地吸收、消化、提炼，同时，要点燃学生创造的激情，培养良好的思想和心理品质。身体健康是人一切发展的基础，没有健康有力的体能就难以胜任职业岗位的需要。全面发展学生的身体素质和运动能力，提高身体适应外界变化和抵御疾病的能力，提高学生自我保健的意识与能力，养成良好的卫生习惯和锻炼身体的习惯，是职业教育教学中不能轻视的重要任务。

（四）加强对学生的职业道德和劳动审美教育，促进学生全面和谐发展

以职业道德为基础，学会立业。做人以德为本是中华民族的传统美德，也是世界各民族和平共处、共同发展的必然要求。社会公德、家庭美德、职

业道德和个人良好的修养构成了道德教育的基本要素。在职业教育中，应突出和加强对职业道德的教育，对学生进行系统的职业道德教育，树立行业平等意识和通过从事一定职业为社会服务的职业观念。良好的职业素质是在长期的培养和实践中形成的。要培养学生敬业、乐业的精神，讲究效率、效益、精益求精、团结协作的精神，使他们具有丰富的美感、乐观的态度、顽强的意志、坚韧的性格，养成惜时、守时、诚实、自尊、自爱、自强、自信、平等待人等优良品质和认真、严谨、踏实、谦虚、进取的良好作风；要具有正确的职业态度、顽强的职业意志、积极的职业情感、高尚的职业志趣和强烈的职业责任感，养成质量至上、遵纪守法、爱护环境、科学管理、优化服务等自觉意识和行为习惯，视职业为事业的道德理想和信念。

培养学生正确的职业审美观是职业教育的一项不可或缺的任务。要从技艺美、产品美、服务美体验到心灵美、精神美，让学生获得健康丰富的职业美感；要通过直接教学和渗透性教学等方式，提高学生的职业思想修养、科学素质修养和职业艺术修养，为形成正确的职业观打下牢固的基础；要实现德、智、体、美、劳、心（理）各方面的和谐发展，达到"在做事中学做人，在做人中求发展"的良性教育状态。

第五节　现代职业教育的地位与功能

一、现代职业教育的地位

（一）职业教育地位的基本认识

职业教育的地位，是指职业教育作为一种客观存在并正常发展时，在社会关系中、地域内经济建设和社会发展中应处的位置。

职业教育地位的内涵应该有四层意思：一是指职业教育在人们心目中的位置，即职业教育在人们的心目中所受到的重视或尊重程度的综合反映。二是指职业教育在地域内经济建设和社会发展中应处的位置。职业教育是一种在经济建设和社会发展过程中起重要推动作用的社会活动。各国关于职业教育地位的阐述，一般也是指在经济建设和社会发展中应处的位置。三是职业教育作为一种教育类型，在整个教育体系中所处的位置。职业教育在教育体系中到底应处于什么位置？与其他类型的教育是什么关系？职业教育是不是某些人所认为的一种地位"低下"的从属于其他教育类型的教育？这些问题既影响职业教育本身的发展，也影响整个教育事业的发展。四是指在人的发展中所处的位置。从根本上讲，职业教育是培养人的，它在经济建设和社会发展中的作用也是通过培养人来实现的，然而我们以往有意无意地忽视了这个方面的研究。

（二）职业教育的地位

职业教育是国民教育体系和人力资源开发的重要组成部分，是广大青年打开通往成才大门的重要途径，它肩负着培养多样化人才、传承技术技能、促进就业与创业的重要职责。《国家中长期教育改革和发展规划纲要（2010—2020 年）》把加快发展现代职业教育摆在更加突出的战略地位，要求切实把握发展机遇，着力解决突出问题，努力实现更大规模、更好质量、更高水平的发展，为实现中华民族伟大复兴梦提供强有力的技术技能人才支撑，推进职业教育科学发展。

1.职业教育是促进人的个性发展，直接适应经济、社会发展和个人生存需要的主要中介

职业教育的中介地位，是指职业教育在人的发展中的特殊位置。职业教育促进人的个性发展，不是普遍性的或者是特殊对象性的，而是直接对应于社会需要和个人生存需要的，是促进社会发展需要的个性素质，是使人的个性更适应社会直接需要的、更新的中介加工，是其间的最主要的、最基本的桥梁，其特点是适应需要的直接性的中介。

2.职业教育是在基础教育之上的与普通（专业）教育相对应的一种教育类型，是继续教育、终身教育的主要内容

职业教育的类别地位，是指职业教育在整个教育体系中所处的位置，是国家教育事业和现代教育的重要组成部分。《宪法》规定："国家举办各种学校，普及初等义务教育，发展中等教育、职业教育和高等教育，并且发展学前教育。"可见，高等教育、中等教育和职业教育并列，这种列举是为了

表述上的方便，而不是各种教育之间的相互独立。《职业教育法》规定："职业学校教育分为初等、中等、高等职业学校教育。"1994年7月，国务院颁布实施的关于《中国教育改革和发展纲要》的实施意见指出："有计划地实行小学后、初中后、高中后三级分流，大力发展职业教育，逐步形成初等、中等、高等职业教育和普通教育共同发展、相互衔接、比例合理的教育系列。"从这一规定可以明确看出职业教育与普通教育是不同的教育体系。第一，职业教育是在基础教育之上的教育，基础教育的水平和年限，随着经济、社会的发展和教育水平的提高而提高；第二，职业教育是相对于普通教育的分类，是按社会职业、经济社会发展的岗位分类培养学生；第三，在社会需求和人的发展总体规划中，职业教育更具有终身性和广泛性。因此，职业教育在整体教育中具有十分重要的地位。

3. 作为与经济社会联系最为紧密的教育，职业教育在经济社会发展中具有较高地位

相较于普通教育，职业教育与经济社会的联系更为紧密。这是由于：（1）职业教育直接为经济社会培养生产、服务、技术和管理第一线的应用型人才。在澳大利亚，职业教育和培训完成学业的标志是获得职业资格证书。我国《面向二十一世纪深化职业教育教学改革的原则意见》明确规定："职业教育要培养同二十一世纪我国社会主义现代化建设要求相适应的，具备综合职业能力和全面素质的直接在生产、服务、技术和管理第一线工作的应用型人才"。（2）经济社会对职业教育的大量需求。《中共中央关于教育体制改革的决定》指出，"社会主义现代化建设不但需要高级科学技术专家，而且迫切需要千百万受过良好职业教育的中、初级技术人员、管理人员、技工和其他受

过良好职业培训的城乡劳动者"。（3）职业教育具有转化现实生产力的功能，是先进的科技、设备和人力资源转化为现实生产力的直接桥梁。国务院《关于大力发展职业教育的决定》明确指出："职业教育的规模和水平影响着产品的质量、经济效益和发展速度。职业教育是工业化和生产社会化、现代化的重要支柱，所以，职业教育在经济社会发展中应该优先发展，适当超前。"

职业教育的优先地位，是指职业教育在经济社会发展中的位置。职业教育的地位，教育的基础性、导向性、重要性及效益的滞后性决定了教育事业应该优先发展，适度地超前。超前的幅度，随不同类型的教育而异。政府统筹规划经济建设和社会发展时，应把职业教育摆到比较重要的位置上，既要从经费、人力、物力上落实，也要从政策上落实，做到先培训、后就业，先培训、后上岗；发展新行业，建设新产业时，职业教育先行。

4.作为一种决定人的职业并与人相伴终身的教育，职业教育在个人的发展中处于重要地位

马克思指出："大工业的本身决定了劳动力的变换、职能的变动和工人的全面流动。"随着生产力的发展和社会的进步，人的职业、岗位、技能会经常变动、更新，这既是客观环境变化的必然，也是人的个性发展的需要。这就需要经常不断地从事这样或那样的职业，并接受职业技术教育或培训。1999年，在联合国教科文组织召开的第二届国际职业教育大会上，教科文组织助理总干事科林·鲍尔发言指出："技术和职业教育与培训，是人的整体教育的一个组成部分。技术和职业教育应能使社会所有群体的人都能入学，所有年龄的人都能入学，应该为全民提供终身学习的机会。它是一种终身性的教育。"因此，职业教育在个人的发展中处于重要地位。

二、现代职业教育的功能

（一）职业教育的经济功能

职业教育是现代经济和社会发展的必要条件，是生产工业化、信息化、产业化和现代化的重要支柱，在经济社会发展中起着重要的战略性、基础性和先导性作用。

1. 职业教育为经济发展创造了必要的基础条件

《国务院关于大力发展职业教育的决定》指出："职业教育的规模和水平影响着产品质量、经济效益和发展速度。"职业教育为经济与科技相结合提供了桥梁和纽带。

2. 职业教育具有直接将人由潜在劳动力转变为现实劳动力的作用

职业教育是教育与经济的结合点，是增加物质生产过程中智力因素的重要手段，是培养受教育者直接从事某种职业的一种专门化教育，在开发和提高人的劳动能力方面以直接、快捷、效果明显而著称。

职业教育直接将人由潜在劳动力转变为现实劳动力，是通过对劳动者进行职业能力和职业素质的教育来实现的。一方面，通过职业教育使学生掌握必要的文化基础知识、专业理论知识、实践技能及职业道德等职业能力和职业素质，将学生以其特有的方式从"学校人"向"社会人""岗位人"转化，为其就业做好充分的准备；另一方面，随着科学技术的发展和知识经济的兴起，新知识、新技术大量涌现并不断产生新的职业，即使是某些已有的职业，也在不断地注入新技术。职业教育对已经走上工作、生产岗位或需要转换岗位的人员，以及正在谋求就业的人员进行履行岗位职责所必需的文化知识、专业技术和实际能力教育与培训，使受教育者以职业技术培训的方式从"社会人"向"新岗位人"转化，使其具有综合运用专业知识解决具体问题的能力，具有解决现场突发性问题的应变能力和一定的操作能力，以及将职业道德等技能转变为现实劳动力的能力。

3. 职业教育是提高劳动力配置效益的重要方法

职业教育，尤其是适当的职业指导，能将不同能力倾向、兴趣爱好的人导向相应的职业岗位，使个性特征与社会需要相结合，充分发挥人的潜能，从而提高劳动力的配置效益，促进经济的发展。职业教育通过专业结构、层次结构的调整以及继续教育，促进劳动力的合理流动，促进社会经济的发展。在经济发展缓慢期，对劳动力需求缩减时，通过职业技术对劳动力的培训可以暂时将劳动力储存起来，减轻劳动力过剩对经济发展产生的压力，调节劳动力与经济发展之间的供求矛盾，为经济健康发展服务。

4. 职业教育是提高劳动生产率的重要措施

职业教育通过培养劳动力的专业素质，发展劳动力的智能，塑造其思想品德、人格，传授生产技术来提高劳动者的劳动生产率，进而促进生产由简单劳动密集型向复杂劳动密集型，即技术密集型转变，实现职业教育对经济的促进作用。职业教育依据人的身心发展规律，传授系统的技术知识，训练科学的生产技能，循序渐进地开发个体在职业方面的潜力，使个体获得职业所必需的知识、技能以及自我学习的能力，促进个体在职业岗位上提高劳动生产率。职业教育通过提高劳动力的技术水平，发展其智能，使劳动者提高运用新技术、新工艺、新设备的能力，并能使劳动力有更多的技术革新和生产创新。职业教育通过培养劳动力的安全意识、设备保养和维修能力来减少生产事故，降低生产工具和设备的损坏率。职业教育通过塑造劳动者的政治观念、职业道德、专业思想，影响劳动者的劳动态度，从而间接影响劳动生产率。职业教育通过塑造劳动者的现代人格，实现劳动力的现代化，使劳动力能认同现代企业文化，能与现代管理要求相一致，提高管理的效能，从而提高劳动生产率。

5. 职业教育是提高经济管理水平的重要因素

经济组织中能否进行现代化的管理，管理的有效程度大小是与劳动力的素质有关的。职业教育通过塑造劳动者的现代人格，实现劳动力的现代化，从而使劳动力能认同组织文化，能与现代管理要求相一致，并积极配合管理的施行，提高现代管理的效能。经济管理者的来源之一是生产服务第一线的人员，这是职业教育的主要对象。职业教育还可通过对政治、文化、职业道德等因素的影响，对经济发展产生间接作用。

职业教育要想有效地促进经济发展，自身发展必须适度，其规模要与经济发展要求相一致，要与经济发展的承担能力相符合。这就要求加强职业教育规划与预测工作，提高职业教育决策的科学性。同时，要引入市场调节机制，通过劳动力市场的供求关系来实现对职业教育规模的调节。

6. 职业教育是科学生产和再生产

职业教育是科学知识转化为直接生产技术的重要途径，具有将科学技术直接转化为推动经济发展动力的作用。

职业教育具有传递、积累、发展和再生产科学技术的社会经济功能。职业教育具有使科学转化为生产技术的中介环节的作用。职业教育也是科学知识再生产和科学转化为生产技术最为有效的形式。随着时代发展和科技进步，这一作用将更加凸显。

科技发展使生产劳动中的技术含量增加，推动了人们接受职业教育的需求。职业教育具有把科学技术转化为直接生产力的作用。它通过对科学技术知识的传授，使受教育者掌握现代科学技术成果，以科学技术知识的利用和推广的方式，将其转化为直接的生产力，从而保证科学技术再生产的顺利进行。职业教育的特征之一就是技术性。职业教育的过程就是对科学技术再生产的过程，职业学校的学生或从业人员，通过接受职业教育及其训练和学习，使其对传统的科学与理论、技术与方法有所了解，对新的科学与理论、技术与方法进行普及、应用和推广，把科学技术知识内化为教育对象自身的科技素质和能力，并通过各种实践对新的科学与理论、新的技术与方法进行新的探索研究，进行新的总结和概括、新的发明和创造，以促进科学技术的进步。

7. 职业教育具有转化现实生产力的功能

职业教育是先进的科技、设备和人力资源转化为现实生产力的直接桥梁，可以促进社会经济增长方式的转变和社会的可持续发展。

《中共中央关于教育体制改革的决定》指出："社会主义现代化建设不但需要高级科学技术专家，而且迫切需要千百万受过良好职业教育的中、初级技术人员、管理人员、技工和其他受过良好职业培训的城乡劳动者。没有这样一支劳动技术大军，先进的科学技术和先进的设备就不能成为现实的社会生产力。"孙震瀚、刘春生主编的《走向 21 世纪中国职业教育》指出："在未来经济建设中，职业教育将是把人力资源转化为智力优势，把智力优势转化为现实生产力的重要桥梁。"

职业教育是促进经济、社会发展直接的、基础性的要素。根据马克思主义的观点，经济社会发展的根本是生产力的提高，而掌握科学技术、运用劳动手段、作用于劳动对象的生产者是生产力的核心要素，而实践型人才和直接生产者的培养基础在职业教育。所以，《中国教育改革和发展纲要》指出："职业教育是工业化和生产社会化、现代化的重要支柱。"当前，世界经济社会发展的新变化，以及中国的资源、能源、环境、人口等方面的制约，都要求我们把经济增长方式转移到依靠科技进步和提高劳动者素质上来。这就要靠职业教育把我国的人口压力转化为人力资源，促进科学技术向生产力的有效转化。

8.职业教育是走新型工业化道路的纽带和桥梁，是中国制造向中国创造迈进的有力支撑

新型工业化道路主要是指科技含量高、经济效益好、资源消耗低、环境污染少、人力资源得到充分发挥的工业化道路。它的发展离不开足够数量的技术技能人才、高素质的劳动者。只有大力发展职业教育，才能提高全社会劳动生产技术的整体水平，提高全社会劳动力的整体技能素质。

若想实现"中国制造"走向"优质制造""精品制造"，实现价值链与产业链的升级，核心需求是人才，是数以亿计的高素质劳动者和技能型中高端人才，而实现这一需求的关键在于职业教育。职业教育必须全面对接现代产业体系建设，即专业设置与产业需求对接、课程内容与职业标准对接、教学过程与生产过程对接、毕业证书与职业资格证书对接、职业教育与终身学

习对接。根据国家产业优化升级的部署，职业教育需要调整专业结构，加强课程体系建设，与时俱进、不断拓展，培养大批中高端技能型人才，为实体经济与现代产业、新兴产业的发展提供重要支撑。

9. 职业教育对区域经济社会发展的促进作用

区域经济社会的发展取决于该区域拥有的物质资源、自然资源和人力资源，但根本上取决于该区域人力资源的质量，即劳动者的综合素质。高素质的劳动力资源和合理的人力资源结构是经济和社会发展的决定性因素。职业教育作为人力资源开发的重要渠道是培养现实的、直接的生产力，解决就业难问题，提高经济增长率，改变经济增长方式的有效途径；是劳动人口转化为现实生产力的最佳途径。另外，职业教育对促进区域经济繁荣和改善贫困人口福利方面起着重要的作用。因此，职业教育发展的规模、质量和结构将直接影响区域经济和社会发展的总体水平。具体说来，职业教育在促进区域经济社会发展方面，主要有以下几点功能：一是促进区域较快地改造传统农业，提高农业劳动生产率，促进农村劳动力的转移，消除二元经济特征；二是促进区域产业结构的调整升级，职业教育对于培养短缺的技术技能型人才，促进产业结构的调整和升级具有显著的作用；三是提高区域吸引外资的能力，职业教育在提高人们知识和技能的同时，还能够调动人们的积极性和主动性，培养和激发人们的道德精神，使其从事健康的、有益的活动，改善外商投资所需的社会、经济、制度、文化等环境，为外商投资创造一个自由、宽松和合理的空间；四是降低区域对自然资源的消耗，实现可持续发展。大力发展职业教育，提高劳动者素质和技能水平，可以直接促进科学技术的吸收、转化和创新；通过人力资源能力的提高对物质、能量和信息的结构增效、替代增效、转化增效和产出增效，将有效地克服传统生产力要素投入的边际效益递减规律，进而提高可持续发展的能力。

（二）职业教育的社会功能

1. 职业教育是人力资本形成的重要途径

（1）职业教育能将人口资源优势转化为人力资源优势

职业教育必将为人口资本的转化和人力资源的提升发挥巨大的作用。只有将人力资源作为第一资源，大力发展教育，开发人力资源，才能将人口资源优势转变为人力资源优势，把潜在的优势转化成现实的优势，才能实现全面建设小康社会的目标。

（2）职业教育是提高人力资源质量的最佳途径

大力发展职业教育和职业培训能够迅速提高劳动者的技能，进而提高人力资源的质量。一是职业教育通过培养人的职业道德、职业行业规范、敬业精神等来提高人力资源的质量。二是职业教育可提高人力资源的职业素质。职业教育是职业素质教育，对人的身心健康有极大的影响，作为就业准备教育，其重点是培养人的专业技能和各种职业能力，因而在提高人的职业素质方面具有其他教育形式所不具备的独特优势。三是职业教育规模的扩大，可以提高整个劳动群体的素质。职业教育和职业培训具有针对性强、教育周期短和收效快的特点。具体体现是教育效益比较直接，接受教育和培训的个人都能很快地把自己学到的技术和技能运用到生产实际或经济建设的实际中去，并发挥所学知识与技能的作用。

（3）职业教育是促进人力资源有效使用和合理配置的有效手段

职业教育是在经济发展计划中实现劳动力资源平衡的一个杠杆。国家通过对各类职业教育发展的速度、规模进行有计划的调控，提高群众的就业能力，提供就业指导、职业介绍，影响群众就业方向和储备人才资源，实现劳动力资源平衡。职业教育具有社会福利功能，即通过职业教育提高处于不利地位的社会群体的就业能力，扩大他们的就业机会，有利于相关社会问题的解决。可见，职业教育肩负着开发、调节、储备社会劳动力资源，促进经济发展、社会安定的重大使命。

2. 职业教育具有为促进就业和再就业提供服务和保证的功能，是解决就业问题的重要手段

就业是民生之本，也是长期困扰我国社会经济发展的突出问题，其直接关系到广大民众的根本利益。职业教育是解决我国就业问题的重要手段之一，虽然从辩证的角度来看，就业和再就业是职业教育发展的"瓶颈"问题，但反过来，职业教育具有为就业和再就业提供服务和保证的作用：首先，要尽力发挥职业教育以就业为主的作用，突出职业教育的特色和优势，形成集学历型和非学历型、职前与职后培训于一身的职业教育机制，使受教育者有机会并有能力适应现有工作岗位及随时变化的工作岗位需要；其次，职业教育具有实施就业课程开发、职业资格的预测和指导咨询的作用，即职业教育必须围绕就业状况及再就业发展变化趋势进行课程和培训计划的开发与制订，并进行科学预测，为受教育者提供有使用价值的职业指导与咨询，实施教学与培训行为，促进各阶层人才更好地就业、再就业和自主创业。

3. 职业教育是推进城市化进程的重要动力，是迅速实现农村现代化进程的助推器

城市化是人类社会发展的一条客观规律，城市化的根本特征是农村人口向城镇转移，是农村劳动力从第一产业的农业转移到二、三产业。进城寻求职业的农民有一部分只接受到初中教育，适应不了先进技能劳动的需要，加强他们的职业技能培训是一项长期而艰巨的任务。为此，教育部提出了农村转移人口教育培训工程：在农村人口较多的城镇，设立专门面向农村转移进城人员的、灵活多样的、具有较强针对性的普及高中阶段教育和实用性的教育培训项目（包括中、高等职业教育与技能培训）。该培训工程有效地提高了这部分人的学习能力、就业能力、工作转换能力和创业能力，使农村转移进城市的初中文化程度以上的人员拥有与城镇人口一样的发展机会和受教育水平。目前，职业教育和培训在农村劳动力转移的城市化进程中发挥着越来越重要的作用。

在我国，农业、农村和农民问题是关系改革开放和现代化建设全局的重大问题，而农村现代化建设是中国现代化建设的关键。推进农村现代化建设首先必须加快农业生产的现代化。要加快农业机械化和现代化速度，就必须让广大农民掌握从事机械化生产的技能。因此，必须大力发展农村职业教育。农村职业教育或农业职业教育如何为发展农业、改造农村、富裕农民提供有效的智力和技术支持，一直是政府倡导、社会关注、教育界参与的重要问题，也是我国职业教育和成人教育的重点和难点。

4. 职业教育是创建终身教育体系和学习型社会的重要支柱

社会发展无止境，科学技术和生产力的创新同样无止境。终身教育、终

身学习和学习型社会是 20 世纪后期及 21 世纪国际社会和教育领域影响力最大的现代教育思潮。职业教育和培训，既是与经济和市场直接联系的，培养应用型、技能型人才的就业教育，又是面向不同层次学生和全体社会人员的全民教育，是终身教育体系和学习型社会的重要支柱。因此，只有大力发展职业继续教育，才能为建构终身教育体系和形成学习化社会奠定基础，即在建构终身教育体系和形成学习型社会中，职业教育发挥着不可替代和不可或缺的重要作用。

5. 职业教育能提高人民生活水平

职业教育能提高人们的物质生活水平与精神文化生活水平。用于职业教育的投资可以带来巨大的而且是长期的社会效益与经济效益，从而不断地增加物质财富，提高人们的物质生活水平。同时，由于职业教育体系渐趋完善，中职与高职教育实现衔接，使中职学生能够实现获取高层次学历的愿望，一定会吸引更多学生进入职业教育院校学习，从而促进文化教育的消费，起到推动经济发展的作用。

（三）职业教育的文化功能

职业教育不仅是在一定的政治、经济条件下进行的，同时，也处于一定的文化背景之中。一定的文化背景与职业教育之间必然产生一定的联系。这主要表现在职业教育发展过程中，文化以其特有的约束力，以一种潜在的方式影响着职业教育，职业教育则通过选择、传播、整理等方式促进着文化的发展。

1. 职业教育具有保存、传递、更新、创造文化的功能

职业教育是随着人类社会生产和社会活动的发展而发展的，并与人类的政治伦理文化、科学技术文化、审美艺术文化、习俗文化等有着特殊的密切联系。职业技术院校进行的职业道德、职业纪律、职业责任和敬业精神教育，都弘扬着具有鲜明时代特色的政治伦理文化；工业、农业等专业的职业技术传授，都继承和发展着科学技术文化；工艺美术、建筑等专业的教学活动，传递着审美艺术文化；服装、饮食、旅游服务等专业，继承和发展了具有民族特色的习俗文化。职业技术院校在教育、教学活动中，通过选择、整理，去粗取精，使不同类型的文化更具民族性、地方性、时代性、科学性，使下一代成为以掌握某类文化为职业的专门人才。人类文化可以通过职业教育媒介向社会传播、普及，进行广泛的社会交流，进而推进建立与现代经济结构、与政治制度相适应的文化形态和文化结构。

2. 职业教育具有吸引和借鉴世界先进文化的功能

《中国教育改革和发展纲要》提出，要大胆吸收和借鉴人类社会的一切文明成果。这里，不仅十分明确地肯定了教育具有吸收、融合世界先进文化的功能，而且要求充分发挥教育在这方面的功能，有力地排除那种保守的、排斥异种文化的观念和做法，以创造和发扬本民族灿烂辉煌的新文化为宗旨。职业教育更是如此。近些年来，随着我国改革开放的进展，职业教育开展了多方面的国际交流和协作活动，通过考察、引进，丰富了文化传递的内容，有力地推动了我国社会主义文化的发展。就职业教育本身来说，近年来，大量引进了德国、日本、法国、英国及东南亚各国等发展职业教育的经验和做法，并结合我国现状进行了创造性的研究与实践。

3.职业教育对企业文化的促进作用

现代职业教育与企业有着天然的联系，这种联系表现在文化上：一是聚合企业文化。反映一定历史时期企业文化的精髓，用现实生产力和生产关系的内核决定教育的方向和内容；复制企业的优秀文化，然后进行优化、强化，进而渗透在教育中。二是选择企业文化。企业文化有地域之分、绩效之分，甚至优劣之分，定向服务的职业教育必须根据人才培养的规律和自身面临的社会政治、经济、文化背景和易于与校园文化相融合的角度来选择最合适的企业文化，这才是有效的。三是传递、传播企业文化。企业文化都有一个形成和发展的过程，在时间上职业教育通过传递使之延续，在空间上使之流动，可以让足够多的人接受企业文化，发扬和发展企业文化。四是创新企业文化。职业教育把现有的企业文化不断转化为学习者的知识、能力、行为规范后，又创造性地反作用于客观的企业文化，赋予企业文化以新的内容和特质，同时，在这一过程中，不同产业、不同行业、不同企业，甚至不同国度的文化通过职业教育相互交融，彼此促进。

（四）职业教育促进人的全面发展

1.职业教育促进个体的全面发展

职业教育是实现人的全面发展的一种具体形式，并为实现人的全面发展提供了具体方式和手段；职业教育也是现实生活中实现人的全面发展的基本途径之一，对于人的成长价值有着三个层面的发展作用。

（1）最基本的层次：关注人的生存

职业教育对人的价值首先表现为满足人们生存的需要。从人的需要层次理论来看，生存是最基本的需要。从职业教育自身的发展水平来说，这也是最基本的层次。

（2）较高一级的层次：持续提升人的职业品质

这是建立在人的生存（生活）需求基本得到满足的基础上的。职业教育在满足人们生存需要之后，它还具备更高层次的价值培养具有良好的思想道德、知识技能和人文素养的技术技能人才。职业教育自身的发展也走向了这一步。

（3）最高层次的发展水平：实现人的成长

职业教育作为一种教育，它的核心功能仍然在于促进人的发展，让每个人都成为有用之才，回应人们对美好生活的期盼。这也是职业教育所追求的终极目标，自然也是最高层次的发展水平。

职业教育最大限度地满足社会的发展需要，其实质就是最大限度地满足个体全面发展的需要。

2. 职业教育促进人的个性差异发展

职业教育的根本意义在于强调人与人之间的个性差异和性格特征，以人为本位，以个体为本位，对不同类型学生进行关注和探求，满足人的个性差异发展和需求，为社会不同的人提供广阔的选择和发展空间，实现自我价值。

（1）职业可以满足人们展示个性和发展个性的需要

人的个性差异有先天生理与心理上的原因，更主要的是由后天教育、环境，特别是职业所形成的。人们可以通过对职业的选择，发挥自己的特长，满足自己的兴趣爱好，实现自己的理想。人的一生大部分时间都是在职业生涯中度过的。职业教育是以每个个体的具体的职业发展为目标，通过不同的专业或工种、不同的教育内容与形式来挖掘人的个体潜能，激发和张扬个体的特殊潜能。

（2）职业教育的专业或工种设置

职业教育以社会的职业分工为基础，较为具体地反映了社会中不同职业岗位对人才素质的不同要求。职业教育按专业或工种实施教育，为不同个性类型的个体提供了发展的选择性，有利于扬人所长、避人之短。《职业指导理论》中言，人的各种能力模式和人格模式总能与某些职业存在着联系，一旦个体找到并进入与自身个性相宜的职业发展轨道，其天赋潜能必然得到最大限度的发挥。

（3）职业教育多层次、多规格的办学形式

职业教育可以通过定向教育与培训，开发个人潜能，发展学生的特殊兴趣与才能，促进和发展学生与所选职业有关的才能，充分发挥人的个性特长，使之顺势成才。职业教育多层次、多规格的办学形式可满足个体各种水平、各种目的的发展需要。

（4）职业教育有目的、有计划的系统训练

由于人的可塑性很大，兴趣、能力、性格是可以培养的，职业教育能够通过有目的、有计划的系统训练，弥补学生在某种职业上才能的不足，有助于人的多方面发展和职业的流动与转换。这是职业教育在人的个性发展方面的特殊功能。

另外，职业教育能使每个受教育者都有充分的选择和发展的平台，充分体现个性化与人性化。

3.职业教育促使自我价值的实现

职业教育是通向职业的必由之路，它以帮助个体就业、乐业、创业、立业为宗旨，自然对个体的价值实现有着重要的作用。具体表现在以下几个方面：

（1）职业教育赋予个体职业能力，使其成为现实的职业者

职业教育担负着把不具备任何职业知识和技能的劳动者转化为能够满足社会某种职业需要的现实职业者的任务，尤其是那些尚未找到自身社会角色的新增劳动者，职业教育是责无旁贷的引路人。职业教育通过对在职人员提供更新、更高水平的知识技术的教育和培训，增强应变能力，使其能够承担在知识、技能和态度等方面完成要求更高的任务。

（2）职业教育的德育

除了具有与普通教育所共有的目标、内容、途径之外，职业教育还承担起了帮助学生了解心理知识、培养健康心理、增进心理能力的义务；帮助学生培养健康职业心态和职业道德；培养学生学会与人和谐相处、与社会和谐相处、与自然和谐相处的能力。职业教育以就业为导向，以岗位技能为目标，可以有针对性地引导学生规划职业生涯，树立正确的职业观念和职业意识。

（3）职业教育促进个体价值的实现

首先，职业教育是通向就业的必由之路，它以帮助个体就业、立业、创业为宗旨。通过职业教育可以提高个体的职业能力、提升其职业地位，引导、培养其形成正确的职业观，实现更高层次的自我价值。其次，职业活动是人生活中最重要的实践活动，职业教育在给予学生职业知识技能的同时，也给

予了学生职业生活的体验，进而增进对职业意义的理解。职业教育倡导这样一种境界：一个人从事某种职业，不只是为了获得物质利益，也是对社会的贡献；不只是获得兴趣的满足，也是个人理想的实现；每个人的职业可以有所不同，而作为理性的生命个体，价值、尊严、精神是同等的。最后，职业教育体现在使人获得归属感与满足感。职业使人获得对社会、对集体、对行业、对单位的归属感，满足人对归属和爱的需要。择业的成功和职业上的成就，能够满足人们实现个人社会价值的需要，满足受到社会尊重的愿望。

4.职业教育促进个体就业的功能

职业教育能使人掌握某一特定的职业技能，或获得某类职业中从业所需的实用技能和技巧、专门知识和技术，获得就业准入资格，以及具备从事某种职业的资格。职业教育这种满足个体基于生存目的的需要，就是职业教育的就业功能。

首先，职业教育是以就业为导向，继而与企业合作让学生在职场中学习技能、知识、职业价值观等，最终指向促进学生就业。职业教育采取"订单式"培养，企业把人才培养纳入自身的发展计划之中，职业院校依托企业有的放矢地进行培养，形成合理的产学链，促进了职业教育的优化发展，使职业院校培训的学生实现充分就业变为可能。其次，职业教育要培养学生的从业能力。在现代社会，个体要成为一个职业人，要融入社会，就必须承认和适应这种职业的规定性。职业教育能使人掌握某一特定的职业或行业，或某类职业中从业所需的实用技能和技巧、专门知识和技术，获得就业准入资格，从而与这个职业共存。

5. 职业教育促进人的职业生涯发展

职业生涯是指一个人一生连续从事和担负的职业、职务、职位的过程，是人一生中最重要的历程，是追求自我、实现自我的重要人生阶段。它对人生价值起着决定性作用。职业生涯专指个体职业发展的历程，美国的职业指导专家萨帕把人的职业发展过程划分为五个阶段：一是以幻想、兴趣为中心，对自己所理解的职业进行选择和评价的成长阶段（出生至 14 岁）；二是逐步对自身的兴趣、能力，以及对职业的社会价值、就业机会进行考虑，开始进入劳动力市场或开始从事某种职业的探索阶段（15—24 岁）；三是对选定的职业进行尝试，变换工作，到逐步稳定的确立阶段（25—44 岁）；四是劳动者在工作中已经取得了一定的成绩，提升自己的社会地位的维持阶段（45—64 岁）；五是职业生涯接近尾声或退出工作领域的衰退阶段（60 岁以后）。我国专家也提出与之相似的划分方法，即萌发期、继承期、创造期、成熟期和老年期。职业生涯是一个动态的过程，不论职位高低，成功与否，每个工作着的人都有自己的职业生涯。职业教育通过开设职业生涯规划课程可以完成受教育者对自己人生的规划。

6. 职业教育为就业者提供职业保障或再就业帮助

个体在接受一定的职业教育或获得了职业资格并顺利就业后，还会面临新的职业挑战。这种挑战主要是：第一，新技术、新工艺的不断出现，需要从业者具备从简单劳动向复杂劳动跃迁的素质，即由仅具备单一的从业能力向复合能力转化。而在这种转化的过程中，必定会发生个体对职业岗位新要求的不适应。第二，因现代社会的进步和经济的发展，职业的流动和变换已成为一种趋势和必然。这就要求个体必须具有多种职业技能。第三，从个体自身出发，生存问题解决后就会有发展的要求，个体希望谋求职业状况或处境的改善，想要通过某种手段和途径实现社会地位的变动，尤其是那些处境不利或不好的个体要求更强烈，那么，最直接的方法就是通过更换职业来改变身份。职业教育能使个体较快地掌握新技术、新工艺和新的职业技能，这样就可以满足个体适应职业内涵变化或工种变换的需要，也可以满足个体对于职业的流动和变换的需要。通过职业教育与培训，劳动者的劳动能力能够不断得到提升和增强，这样，在面对职业变化和转换时，能更为主动，更具有适应性，从而使个体的职业生涯及发展得到保障。

第六节　现代职业教育的培养目标

职业教育的培养目标，就是通过职业教育把受教育者培养成为什么样的人。培养目标规定了对受教育者培养的方向、规格与内涵。它是职业教育实践活动的出发点，也是检验职业教育实践活动是否富有成效的标准。

一、确定职业教育培养目标的依据

职业教育培养目标在形式上是某一类型院校的办学性质与教学任务的集中体现。因此，在确定职业教育培养目标的过程中，必须认真分析、研究把握，从而确定职业教育培养目标的依据。

（一）党和国家的法律和教育政策

法律和政策是影响职业教育培养目标的根本因素。职业教育的政策和法规主要是为了实现职业教育目的而制定的，其内容包括指导思想、人才的培养规格及实现培养目标的基本途径等。

（二）社会经济形态及产业结构发展的需要

社会经济形态及产业结构是确定职业教育培养目标的客观依据。职业教育虽受制于一定的经济发展水平，但它也在促进着社会经济的发展：首先，社会经济形态的拓展要求职业教育注重培养学生的创业能力和竞争意识；其次，社会产业结构的调整要求各级各类职业教育的人才培养目标与人才需求相适应；再次，经济全球化的发展趋势需要各级各类职业院校培养大量"本土化""外向型"的中、高级技术应用型人才。

（三）学制、学历及国家职业分类与职业技术等级标准

培养目标的制定，不但要对应相关学制、学历及国家职业分类与职业技术等级标准，而且应有一定的前瞻性。这样才能使职业教育起到引领新知识、新技术、新工艺、新设备的作用。学制与学历要求是培养目标的具体表现。国家职业分类和职业技术等级标准是确定职业教育培养目标内涵的最重要的依据。

（四）受教育者个体发展的需要

受教育者个体发展的需要，是职业教育确定其人才培养目标的内在依据。

职业教育既是面向社会整体的，也是面向每一个受教育者个体的，其培养目标的制定必须考虑如何满足受教育者个体发展的需要。这些需要包括受教育者个体终身学习的需要、受教育者个体就业与创业的需要、受教育者个体可持续发展的需要。

二、职业教育培养目标的定位

职业教育培养目标的定位，就是对职业教育培养的人才规格进行界定和规范。现代职业教育正在走向社会，面向市场，它的定位也从原来封闭式向开放式发展，整个培养目标定位系统也逐渐从静态转向动态。

各级各类职业教育在定位自身培养目标的时候，除了参照区域社会经济发展等要求外，还需要对社会人才结构的模型和理论加以认真地分析，并从原来的感性思考向科学化的理性决定逐步发展。职业教育培养目标的定位主要建立在社会人才结构及职业分析等相关理论基础之上。职业教育机构根据人才结构模型，结合自身的教育资源优势，考虑自己的人才培养目标的定位，并对受教育者的终身学习及可持续发展设计可能的通道。职业分析可以克服职业教育的模糊性和随意性，为培养目标及整个教学设计提供准确的依据。

三、职业教育培养目标的基本内涵

职业教育培养目标的基本内涵就是培养目标构成的具体内容，即职业教育培养目标达成后受教育者所应达到的规格和质量。其基本内涵主要涵盖知、技、意三个方面：知，即知识，指职业教育过程中受教育者的知识素质要求，包括受教育者文化基础知识、现代科技知识、专业基础知识及专业知识等；技，即技能，指对受教育者专业技术能力素质方面的要求，包括受教育者所学专业的技术能力、工作能力、社会能力以及创新能力等，这是人才培养规格的核心；意，指的是受教育者的态度和情感，即对培养人才心理素质方面的要求。这三方面构成了培养目标的整体，各层次、各类型的职业教育培养目标，正是通过这三方面的不同要求体现出来的。职业教育培养目标的基本内涵主要体现在以下层面。

（一）职业知识素质

职业知识素质主要包括个体的职业基础、职业资格、职业适应和职业发展等。职业知识素质是职业教育培养目标构成的核心层次，其核心部分为职业资格，因为这是由国家强制力作为后盾的一种职业标准，体现的是国家的意志。

职业资格由"应知""应会"两部分组成："应知"是指从事某种职业必须掌握的专业知识；"应会"则是在"应知"的基础上必须掌握的操作技能。通过教学，学生通过了相应等级的资格考试，即可获得相应的资格等级证书。但是，这种职业资格标准往往有一定的局限：第一，标准的制定和更新有时间周期，这就容易滞后于新技术、新工艺的出现与发展；第二，作为标准，既原则又抽象，高度概括却不能涵盖某一职业必备素质的各个方面；第三，标准的执行受制于考核的指导思想、程序方法及具体内容，其信度、效度与标准执行应有的信度、效度存在一定的差距。

因此，如果职业教育仅仅围绕职业资格来进行，显然就演变成为一种新的应试教育。所以，职业资格教育应有自己的平台和发展空间：平台是职业基础，就是获取职业资格应当具备的专业基础理论；发展空间是职业适应和职业发展，就是职业资格对一定的职业活动的适应能力和岗位职业活动的自我提高能力与不同职业岗位之间的转换能力。

（二）职业能力素质

职业能力素质主要包括个体的认知能力、操作技能、技术分析和学习潜力。职业能力素质，既是个体职业发展的平台，又是职业素质的综合表现。其中，操作技能是这个层次的核心。操作技能，是指将认知所得成熟的工艺技术转变为实际职业活动并获得预期工作结果的能力。操作技能分动作技能和心智技能两种：以肢体活动技术为主的技能主要是动作技能，如厨师、钳工、计算机录入员等所需的操作技能；以推理判断技术为主的技能是心智技能，如营销员、维修工、会计员等所需的操作技能。所以，操作技能实际上是与职业资格密切相关的特殊能力。认知能力是一般能力，是学习与发展的基础。认知能力强，不但操作技能较易习得，而且操作技能中蕴含的技术成分也会较多，职业活动就会呈现较高的技术分析水平，从而使个体继续学习的潜力增大，职业发展的空间也随之被拓展。很多专业是需要受教育者具有较强的体能素质的，因此，受教育者个体必须结合相关专业所面向的职业岗位（群）对从业者体能方面的实际要求有选择地进行锻炼。

（三）职业心理素质

职业心理素质，是指个体顺利完成其所从事的特定职业所必须具备的心理品质。具体维度为以下几条：

1. 职业动机

职业动机主要是指个体从事职业的内在动力与兴趣。人们往往选择适合自己需要和感兴趣的职业，以实现职业岗位与自己职业需求的匹配。但由于受社会就业供求情况等因素的制约，职业需要有时也会与职业实践产生一定的冲突，进而影响人的职业心理。因此，职业教育应培养学生对专业的兴趣与热爱，并使之内化为从事该职业的动力。

2. 职业效能感

职业效能感主要是指个体对自己能否适应某种职业的自我评价，包括学习专业理论与实践进程中的感受、经验，以及对以后学习过程中可能遇到困难的估计和迎接挑战的信心。要使学生对所从事的职业抱有积极的态度和正确的价值观，并认识到自己将来所从事职业的社会意义，正确对待可能遇到的困难、挫折，就需要在平时的学习中培养其耐挫折的能力，做到能较好地克服心理障碍及各种可能的干扰，锐意进取，勇于开拓。

3. 职业价值观

个体价值观在职业选择上的体现是个人希望从事某种职业的态度倾向，也是个人对某种职业的愿望。任何人在进行职业选择时，都会对自己将要从事职业的价值进行判断，对可能取得的成就和社会回报的满意程度进行估计。在职业心理素质教育与培养过程中，要注意引导学生对将要从事的职业有恰当的评价，正确看待职业的社会地位、职业的待遇、职业的苦与乐。

4. 职业道德感

职业道德感主要是指个体对职业道德标准的认识和体验，是社会公德在行业生活中的具体化，包括职业的荣誉感、幸福感、义务感和责任感等。职业道德义务感和责任感是一个人职业道德倾向性的核心。职业院校的每个专业都是与具体的职业、工种相对应的，其职业道德规范不尽相同，但其实质都是调节职业生活中人与人之间的关系、判断是非与善恶。因此，职业教育的人才培养过程中，应根据各行业、岗位的实际特点，进行有关行业相应的职业道德规范教育，使学生在将来的职业生活中能自觉规范自己的行为，实现职业发展。

5. 职业理想与追求

职业理想与追求主要是指个体对将来所从事职业的前途与目标的追求与设计，即学生对前景的规划与展望。职业教育具有职业定向性，学生从入学那天起就初步确定了未来的职业。这样，职业理想变得具体化和现实化了。职业理想是人们实现职业愿望的精神支柱和力量源泉，也是人前进的动力。人们往往通过职业活动去追求社会理想的实现，并在职业活动中体现自己的道德理想，借助职业活动取得的报酬实现物质、精神生活水平的提高，去实现自己的生活理想。因此，应要求学生较早地树立职业理想，培养责任心、进取心、自尊心、自信心，同时，也应拓宽专业的适应面，使学生成为复合型人才，增强他们对人才市场和劳动力市场需求变化的心理承受能力和应变能力。

第二章 教育管理的科学理论基础与发展趋势

第一节 古典管理理论

古典管理理论是指 19 世纪末 20 世纪初在西方一些国家形成的系统的管理理论。19 世纪末 20 世纪初,科学技术水平和生产社会化程度有了很大提高,尤其是资本主义经济由自由竞争进入垄断阶段,企业规模扩大,管理工作日益复杂,劳资矛盾进一步加剧,经济危机频频爆发。这一切都表明,资本家原来那种家长式的行政管理和单凭经验办事的管理方法已不能适应生产发展的需要。在这种背景下,资本主义国家的一些企业管理人员、工程技术人员开始进行各种实验研究,总结管理经验,探求提高劳动生产率的新的管理方法。其主要代表是泰罗的科学管理理论、法约尔的一般管理理论和韦伯的行政组织体系理论。这三个理论被称作古典管理理论的三大支柱。

一、泰罗的科学管理理论

美国管理学家泰罗(1856—1915)是科学管理理论的创始人,在资本主义管理学史上被称为"科学管理之父"。他本来是一个工人,后来当过工长、绘图员、技术员和工程师，最后当上了总工程师和管理顾问。他一生还有许多发明和技术革新成果，获技术专利一百多项。他在总结前人研究成果的基础上，通过管理方面的许多重要的试验研究，如"搬运生铁块试验""铲铁砂和煤块试验""金属切削试验"等，提出了他的科学管理理论。他的主要著作有《计件工资制》（1895 年）、《工场管理》（1903 年）、《科学管理原理》（1911 年）。泰罗科学管理理论的主要思想可以概括为以下几点：

①科学管理的目的和中心问题是提高劳动生产率。

泰罗认为，最高的劳动生产率是工厂主和工人共同达到繁荣的基础。它能使工人关心较高的工资和工厂主关心的较低的劳动成本结合起来，从而使工厂主得到较多利润，工人得到较高工资，进而提高他们对扩大再生产的兴趣，促进生产的发展，达到工厂主和工人的共同富裕。

②科学管理的精华是要求管理人员和工人双方实行重大的精神革命。

精神革命就是工人和工厂主之间不要对立，不要把注意力放在多余的分配上，而应转向增加盈利的数量，在科学管理的基础上实现劳资双方相互合作，共同促进增加生产，提高效率。

③标准化原理。

标准化原理即通过对工人的每一个动作和每一道工序的分析研究，确定标准的操作方法，以代替过去工人单凭经验的操作方法。与此同时，实行操作所需要的工具和环境应标准化，并根据标准化的操作方法和环境的标准化，确定工人一天必须完成的标准的劳动定额。

④为了鼓励工人打破劳动定额，实行刺激性的差别计件工资制度。

⑤科学地选择"第一流的工人"，并用科学的操作方法来培训他们，使

他们真正按科学的规律去操作。

⑥把计划职能和执行职能分开，使工人和管理部门分别执行不同的职能。

⑦实行职能组织制，将管理工作予以细分，使所有的管理者只承担一种或两种管理职能。

⑧实行例外原理。

泰罗提出高层主管人员为了减轻处理纷繁事务的负担，应把处理一般日常事务的权利授予下级管理人员，高层主管人员只保留对例外事项（重要事项）的决策权和监督权。

泰罗的管理理论有许多弊病，所谓科学管理实际上是加强对劳动控制的手段，它使工人的意识和行动分离，丧失工作过程中的自主权，成为管理部门活的生产工具。所谓"高效率"是以工人极度紧张的劳动为代价的。然而，这毕竟是人类管理活动史上的一次变革，它反映了当时机器工业生产中的某些客观规律，对以后的管理实践和理论的发展有重要影响。正如列宁所说的："泰罗的管理理论一方面是资产阶级剥削的最巧妙的残酷手段，另一方面是一系列最丰富的科学成就。"

二、法约尔的一般管理理论

法国管理学家亨利·法约尔（1841—1925）是与泰罗同时代的人，他1888年担任康门曲里·福尔亨包特矿业公司总经理，1918年任公司董事。由于长期担任企业领导工作，对工厂企业的组织、领导机构及组织管理的过程、原则等表现出极大的兴趣，并进行了卓有成效的研究。他的代表作是《工业管理与一般管理》（1916年）。

法约尔认为管理和经营是两个不同的概念。企业的全部经营活动可以分为六项，而管理只是其中的一项。这六项活动是技术活动、营业活动、财务活动、安全活动、会计活动和管理活动。

法约尔认为管理包括五项职能，即计划、组织、指挥、协调和控制。法约尔还提出，为了实施这五项职能，必须遵循十四条原则，即分工、权限与责任、纪律、命令统一、指挥统一、个别利益服从整体利益、报酬、集权、组织等级、秩序、公平、人员的稳定、首创精神、集体精神。此外，法约尔还论述了社会组织的各级领导人应具有不同的知识结构以及企业人员的培养问题。

法约尔的管理理论受泰罗的科学管理理论的影响，但又与之有不同的特点。他把管理作为特有的概念加以理论研究，提出了管理职能和原则。他对管理职能的分析，提供了一套管理思想体系。他的管理原则基本上属于组织原则。

三、韦伯的行政组织体系理论

德国管理学家马克斯·韦伯（1864—1920）与泰罗、法约尔不同，他毕生从事学术研究，是当代德国有影响的学者和著作家。他涉猎的领域广泛，宗教、政治、社会科学方法论等方面的著作颇丰，代表作是《社会组织与经济组织理论》。特别是他提出的行政组织体系理论（又称官僚组织模式理论、科层管理理论）对西方古典组织理论的确立做出了杰出贡献。其基本观点是：

（一）职位分类

每个组织的存在都有其组织任务，组织任务的完成必须依赖各个工作部门，每个工作部门下边还有若干个工作岗位，每个工作岗位都应该专业化。组织的建设就是从职务岗位的划分开始的。

（二）权利分层

组织按照等级原则，从顶层到基层有一条权利线。每个层次有不同的职务、责任和权利。

（三）法定资格

每个岗位的人员都必须是称职的。所以组织以"法"的形式规定每个职位的任职资格和条件以及对他们考核的标准和方法。

（四）委以责任

除按规定必须通过选举产生的公职人员以外，官员是委任的。在授权的同时要委以责任，他的行为必须对上级行政组织负责。

（五）遵纪守法

官员不属于任何一个社会组织的成员，是为全体公民服务的，必须遵守行政组织的纪律和规则。

（六）理性关系

组织内部各个成员之间只讲理性，不讲感情。

（七）固定工资

官员领取固定工资，有明文规定的升迁制度，不得利用行政职位之便获得工资以外的任何报酬。

管理学界认为，20世纪以来工商界的经济组织由家长式的管理演变成科层式管理，这既反映了工业革命对工商业发展的要求，又体现了法制社会的必然结果。这种以责任制为基础、以权利为核心的理性组织的权威性对提高行政组织工作效率有积极意义。它是一种理想的组织，但不是现实的组织。

美国的古利克和英国的厄威克综合研究了泰罗、法约尔、韦伯的管理理论，认为这些管理理论可以相互补充，结合成一体化的古典管理理论。他们提出了适用于一切组织的八项原则，分别是目标原则、相符原则、职责原则、组织阶层原则、控制跨度原则、专业化原则、协调原则以及明确性原则。他们把古典管理理论中有关职能的理论系统化提出了有名的"七职能说"，即计划、组织、人事、指挥、协调、报告和预算。

四、古典管理理论对教育管理的影响

这一理论对美国乃至世界范围的教育管理都有深远而持久的影响。受泰罗的科学管理理论影响，教育管理人员开始注重办学质量和效益问题，甚至把泰罗的科学管理作为衡量学校管理的主要标准。例如，1908年达顿和斯奈登出版的《美国公共教育管理》的基本观点就是要注重管理的合理性和有效性，倡导用较少的管理资源取得较好的实际效果，注重专家的作用，采用行政的方法对教育、教学工作进行业务分析，找出合理的标准的工作方法。这是泰罗的标准化管理和定额管理在教育管理上的最早应用。雷蒙德·卡拉汉在《教育与效率的狂热》一书中描述当时美国学校的校长为赶"时代潮流"，要求教师以分钟计算去安排工作，充分利用每一天的时间。埃尔伍德·卡巴利在《公立学校的行政》一书中认为学校是一家将原料制成各种产品以满足各种生活需要的工厂，主张运用泰罗制总结城市学校行政的经验，并把这种办法运用到州和郡的公共教育组织和行政问题上去。富兰克林·鲍必特认为，要提高学校行政工作的效率，首先要确定学校"产品"的理想标准（毕业生的标准），其次是规定学校的"生产方式"和程序，最后是生产者（教师）必须具备的资格和工作准则。教师要遵守由专家制订的"详细的教学计划所应达到的标准，所应用的方法与所使用的教材"。这种效率、成本和标准化的观念对传统教育管理产生了很大的冲击，使教育管理人员不得不放弃传统的教育管理观念和做法，转向接受工商业界的市场原则、价值标准和相应的管理行为。

在国外，人们对在教育管理中应用泰罗制有很多争议。从实际情况来看，泰罗制的管理思想对于实现学校管理的科学化、提高工作效率确实有着积极的作用。但它也存在着很多问题，如把工厂企业的管理方法完全照搬到学校管理上，忽视了教师劳动的特点，忽视了学校组织与工厂的区别；泰罗制所推崇的管理方法在学校管理中不一定完全适用，如标准化管理问题，如果学校管理过于强调统一和标准化，就会扼杀被教育者的个性发展，减弱教育价值；在教育管理中如果过分强调权利等级结构、规章制度、物质刺激，忽视教职工心理需要，就不能有效地调动他们的积极性。

受韦伯行政组织体系理论的影响，美国教育管理学专家马克斯·阿博特提出的学校组织有许多特征是符合韦伯原则的。他认为学校组织具有分工等专业化特性，学校内部有着明确严格的纪律和规章制度，学校管理的理性化程度高，教职工是按照自己的职务、责任、工作量领取工资。因此要提高学校管理的效率就必须从学校组织建设的程序化和规范化做起。

总之，古典管理理论对教育管理无论是在观念上还是具体管理方法上都有深刻的影响。从观念上来说，它使教育管理人员认识到教育管理活动是可以控制的，通过设计一个合理的组织结构，编制一套完善的规章制度，遵循一系列科学的管理原则，再辅以严格的奖惩手段，学校组织也能像其他组织一样，在有限的条件下实现最佳的管理目标。从具体的管理方法来说，如今学校里的许多做法都受到泰罗制的影响，如表2-1所示。

表2-1　古典管理理论应用表

古典管理理论	适合于教育管理的例子
建立权力等级结构	控制的层次：教育局局长→校长→教导主任→年级组长→教师→学生
工作任务和作业水平的科学度量	全面测试学生在学科领域的能力等方面的情况，并按学习水平分类
规定工作的科学程序	三年级的知识有别于四年级的知识，并为四年级的知识做准备，依此类推
建立劳动分工	语文教师、数学教师、英语教师、历史教师、体育教师、教学辅助人员、校工
确定适当的控制幅度	中小学师生比为1：40，正副校长之比为1：3
制定行为规范	学生手册、教学常规管理条例、教师奖励办法
招聘人员以能力和专业为基础	进入教育部门工作的人员要求有教师资格证书
制定出完成任务的最佳方法	学校不断寻求课程的最佳教学法
在雇员中建立纪律	学生要遵守学校规章制度；教师要服从教育规范，为人师表

第二节　行为科学管理理论

从 20 世纪 20 年代开始，资本主义经济发展进入一个新的时期，科学的进步、技术的发展使生产规模不断扩大，新技术成就广泛用于工业部门，资本主义生产越来越机械化、自动化，它不仅对生产者水平的要求越来越高，同时也使生产者的"异化"程度越来越严重，人们成了机器的附属品。如何使人们摆脱机器的奴役，变被动劳动为积极劳动，成为新的研究课题？另外，由于工人阶级觉悟的提高，他们越来越要求经济上和政治上的民主权利，劳资矛盾进一步加剧。为了缓和劳资矛盾，维护资本主义社会的稳定，西方学者开始重视对人以及人与人的关系的研究。

一、人际关系理论

人际关系学说的创始人是美国哈佛大学教授梅奥（1880—1949）。他出生在澳大利亚，早年学医，后开始学习心理学，曾在昆士兰大学讲授伦理学、哲学、逻辑学，1922 年执教于美国宾夕法尼亚大学金融商学院，1926 年应聘哈佛大学。他的著作主要有《工业文明与人性问题》（1933 年）、《工业文明的社会问题》（1945 年）。

从 1924 年起，梅奥负责指导美国西屋电气公司霍桑工厂的试验研究。他们通过车间照明变化对生产效率影响的各种试验、工作时间和其他条件变化（如休息间隔、工间茶点）对生产效率影响的各种试验以及与全厂工人的谈话和对有关社会组织的试验分析，提出了人际关系学说，其基本观点是：

第一，人是"社会人"。

梅奥反对以往的管理理论中把人看作"经济人"的观点，认为人不单是追求金钱收入的，还有社会、心理方面的需要。人的思想行为更多地由感情来引导。因此，工资报酬、工作条件并不是影响劳动率的唯一因素，不能单纯从技术、物质条件着眼，而应从社会、心理方面来鼓励工人提高生产率。

第二，正式组织中存在着非正式组织，这两者相互依存，共同影响着劳动生产率。

正式组织是具有一定的目标，并由规章、制度、方针、政策等规定企业中各个成员之间相互关系和职责范围的一定的组织体系。非正式组织就是组织内部的成员在共同的工作过程中，由于共同的爱好、共同的倾向等共同的社会情感而形成的非正式团体。这些团体有自然形成的规范，其成员约定俗成地自觉服从。梅奥认为，非正式组织可以保护工人免受内部成员忽视和外部人员的干涉所造成的损失。非正式组织涉及每个人，不仅工人中有非正式组织，管理人员、技术人员中也有。管理人员既要强化正式组织，又不能忽视非正式组织的作用。

第三，新型的领导能力在于提高工人的满意度，从而提高劳动生产率。

梅奥从"社会人""非正式组织"的观点出发，认为金钱、经济刺激对提高劳动生产率只起第二位的作用，起重要作用的是工人的情绪和态度，即士气。而士气同人的满意度有关。职工的满意度主要是指对为获取安全的、归属的感觉等需求的满意度。满意度越高，士气越高，生产效率越高。他认为，在传统管理理论基础上形成的领导能力只重视物质、技术因素，不能满足工人社会需求。新型的领导能力既要重视技术因素，又要重视生产中的人的因素，关心团体中的人际关系状况，努力提高工人的满意度，最终达到提高生产率的目的。

梅奥的人际关系学说要求管理者按照人的社会特性来改进管理，这不仅是对古典管理理论的重要补充，同时也开辟了西方管理理论发展的一个新领域和新阶段。在实践上，人际关系学说为调动职工积极性提供了新思路和新方法，如重视职工的感情因素，努力为他们创造一种愉快的工作环境，采取民主的领导方式，使下级有建议、参与管理的机会等。

二、行为科学管理理论

行为科学是运用心理学、社会学、社会人类学等学科理论和自然科学的实验、观察方法，研究人的行为产生的原因和影响行为的因素，以激发人的积极性、创造性的综合性学科。

霍桑试验的成功和梅奥提出的人际关系学说引起了学术界、企业界的极大反响。1949年，在美国芝加哥大学一次跨学科会议上，讨论了是否可能利用现有的科学知识，寻找出人的行为的规律的问题。讨论中，与会者充分肯定了人际关系理论的一系列研究成果，认为在此基础上有可能也有必要建立一门新的综合性学科，经过讨论，最后确定使用"行为科学"这一名称。20世纪50年代以后，行为科学真正发展起来，并受到美国政府的支持。1952年美国建立"行为科学高级研究中心"。1956年美国出版第一期行为科学杂志。20世纪60年代以后又出现组织行为学的名称，重点研究企业组织中的人的行为问题。现在这门学科已经被广泛应用到各个部门，特别是经济管理部门。有人称行为科学标志着由以物的管理为中心的时代向以人的管理为中心的时代的转移。行为科学理论也成为管理人员培训的必修课，一些著名大学还设有行为科学系和研究中心。行为科学的研究领域非常广泛，以下是一些有影响的人物及其理论观点。

（一）有关人的需要、动机和激励理论

梅奥等人的人际关系研究，强调人是"社会人"和满足人的社会需要。以后的行为科学家在这方面又有所发展。他们指出，人的各种行为都有一定的动机，而动机产生于人的需要。在组织管理中可以根据人的需要和动机来加以激励，使人们更好地完成任务，并在这一过程中达到自我实现。这时的行为科学的研究重点从"社会人"发展到"自我实现的人"。这方面研究的主要理论有：

1. 马斯洛的需要层次理论

马斯洛（1908—1970），美国人本主义心理学家和行为科学家。他1954年发表的《动机和人》，提出了人的需要层次理论。

马斯洛认为，人是"需要的动物"，随时有某种需要，当人的某一需要得到满足时，这一需要就不再是人的激励因素，他便有了另一种需要。人的需要由低到高分为五个层次，分别是生理需要、安全需要、社会需要、自尊需要和自我实现的需要。

马斯洛提出，人所追求的最终目标是达到自我实现，而不是金钱、名誉、地位。他认为，不管一个人的地位、身份、职业如何，只要他全身心地把自

己的智慧、才能和精力充分发挥出来就是达到了自我实现。当高级领导干部可以自我实现，当勤杂工也能自我实现；当主角、骨干可以自我实现，当配角、一般成员同样能自我实现。

2. 赫茨伯格的双因素理论

赫茨伯格是继马斯洛之后进一步研究激励动机的美国心理学家，代表作有《工作的激励因素》（1959 年）（合著）、《工作与人性》（1966 年）。

赫茨伯格通过对美国匹兹堡地区 200 多名工程师和会计人员的访问谈话发现，使职工感到满意的都是属于工作本身或工作内容方面的，可以称之为激励因素；而使职工感到不满意的都是属于工作环境和工作关系方面的，可以称之为保健因素。保健因素不能对职工起到激励作用，但能预防职工的不满。

赫茨伯格进一步归纳出激励因素包括六项，分别是工作上的成就、得到赏识、进步、工作本身、个人发展的可能性、责任。保健因素包括十项，分别是公司的政策和行政管理、技术监督系统、与监督者个人之间的关系、与上级之间的关系、与下属之间的关系、薪金、工作安全性、人的生活、工作环境以及地位。

3. 弗鲁姆的期望理论

弗鲁姆是美国著名心理学家、行为科学家。他于 1964 年发表《工作和激励》，提出了期望理论。他认为，激励力 = 目标价值 × 期望概率。也就是说，人在行动之前，首先要对自己的行为目标进行选择，对目标价值做出判断。只有当目标价值比较高时，人们才努力追求这个目标。其次人们还要根据自己的条件考虑获得目标价值的可能性大小。只有当目标价值高，本人又有实现目标的把握时，人的积极性才是最高的。反之，某种目标价值对人们没有吸引力或没有实现目标的充分把握时，都不可能激发人们的积极性。

弗鲁姆的期望理论为管理者具体分析影响职工积极性的因素，从而有针对性地实施激励，有一定的指导作用和实用价值。

（二）人性理论

人性问题从来都是伦理学家争论的一个问题，也是管理学者研究的一个中心问题。不同的管理理论和方法背后都有着不同的人性观。"科学管理理论"认为人是"经济人"，梅奥提出人是"社会人"，行为科学理论对此进行了更深入的研究。

1. 麦格雷戈的 X 理论，Y 理论和莫尔斯、洛希的"超 Y 理论"

麦格雷戈（1906—1964）是美国麻省理工学院教授，1957 年首先提出 X 理论和 Y 理论的人性假设，并在他的《企业的人性方面》一书中予以表达。

麦格雷戈认为，每一位管理人员对职工的管理都基于一套人性的假定。他把传统管理对人的观点和管理方法叫 X 理论，其要点是：

①一般人的天性都是好逸恶劳，只要有可能就会设法逃避工作。

②人几乎没有什么进取心，不愿承担责任，而宁愿被别人领导。

③人天生就反对变革，把安全看得高于一切。

④要使人们真正想干活，就必须采取严格的控制、威胁和不断地施加压力。

麦格雷戈主张在管理指导思想上变 X 理论为 Y 理论，Y 理论是建立在人性和人的行为动机更为恰当的认识基础上的新理论，其要点是：

①人并非天生懒惰，厌恶工作，工作对人们来说，正如游乐和休息一样是自然的。

②控制和威胁并不是促使人们为实现组织目标而努力的唯一办法，人们对自己所参与的目标能实现自我控制和自我指挥。

③人追求个人目标和欲望的满足同实现组织的目标并不矛盾，只要组织领导有方，个人会处理好个人与组织的关系。

④在适当条件下，人们不但能接受，而且能主动承担责任。

⑤不是少数人，而是多数人在解决组织问题时富有想象力和创造力，对组织目标持消极态度和抵触情绪是由于组织的压力所致。

⑥管理的基本任务是安排好组织工作方面的条件和作业的方法，使人们的潜能充分发挥出来，更好地为实现组织目标和个人具体目标而努力。

在麦格雷戈提出了 X 理论和 Y 理论之后，美国的乔伊·洛希和约翰·莫尔斯选择了两家工厂和两家研究所进行对比试验，其中一家工厂和研究所按 X 理论实施严密的组织和督促管理，另一家工厂和研究所按 Y 理论实施宽松的组织和参与管理。结果发现，在研究所，实行 Y 理论管理的史托克顿研究所效率高于实行 X 理论管理的卡美研究所；而在工厂，实行 Y 理论管理的哈特福工厂效率低，实行 X 理论管理的亚克龙工厂效率高。据此，他们提出了超 Y 理论。他们的观点是：Y 理论并不到处都比 X 理论优越，企业的领导方式应以成员的素质而定。有的人希望有正规化的组织和规则条例来要求自己的工作，而不愿参与问题的决策去承担责任，这种人适合 X 理论指导管理工作。

有的人却需要更多的自治责任和发挥个人创造性的机会，这种人则适合以 Y 理论为指导的管理方式。

2.阿吉里斯的"不成熟—成熟"理论

美国哈佛大学教授阿吉里斯对人的个性与组织关系等问题进行了较多研究，提出了关于人的"个性与组织"的假说，叫作"不成熟—成熟"理论。

他认为，人的个性发展如同婴儿期到成年期的变化，即从被动到主动、从依赖性到独立性、从只能有少数几种行为方式到多种行为方式、从偶然淡漠的兴趣到深厚强烈的兴趣、从只有"现在"的时间观念到有"过去""未来"的时间观念、从附属于他人到成年独立、从缺乏自我意识到自我控制意识。他指出，一个人在这个"不成熟—成熟"连续的发展过程中所处的位置就体现了他自我实现的程度。

他认为，大多数组织机构都将他们的成员看作处于不成熟阶段，管理阶层把一切都紧紧控制不放，这就不能适应成熟人的个性发展需要。个人则可能采取离开组织，或对组织采取攻击、退守或冷淡态度等防御措施。为此，他提出了协调个性与组织需要的办法，即扩大职工的工作范围；采用参与制、以职工为中心的领导方式；使职工有从事多种工作的经验；加重职工的责任；更多地依靠职工的自我指挥和自我控制，使个人和组织都能实现自己的目标。

三、人际关系——行为科学管理理论对教育管理的影响

人际关系——行为科学管理理论对教育管理的影响主要反映在提倡学校管理的民主化，重视教职工在管理中的主体地位，增强教职工的自我激励、

自我控制以及自我完善的能力。自从 20 世纪 30 年代起，很多研究教育管理的学者提出要以梅奥的人际关系学说指导教育管理活动。例如，美国芝加哥大学教育系主任拉尔夫·泰勒撰文提出人际关系的研究与学校管理人员有关，今后教育管理必将受到梅奥等人在霍桑工厂试验的影响。到 20 世纪 40~50 年代，以人际关系学说为理论基础的民主管理方式在欧美学校相当流行。主要表现在以下几方面：

第一，重视学校中非正式组织的作用，把非正式组织看作是学校组织中不可缺少的一部分。

第二，从改善人际关系入手，提高教师的工作激情，特别注重满足教师的社会需要和心理需要。

第三，实施参与决策，把校长看作是集体决策中的一员和学校工作的协调者、帮助者。

第四，提倡教学过程中的民主教学和民主监督，在教学中发扬民主，给学生更多的参与机会，让学生成为教学过程的主体，同时学校领导要充分相信教师，不过多干预教师的教学活动。

第三节　现代管理科学理论

西方的管理理论，在古典学派和行为学派出现以后，特别是在第二次世界大战以后，又出现了许多学派。这些学派在历史渊源和论述内容上互相联系、互相影响。美国管理学家哈罗德·孔茨曾把这种情况形象地叫作"管理理论的丛林"，认为它是"走向统一的管理理论"的必经过程。至于这些学派的划分，在西方管理学界也是众说纷纭。这里介绍一些主要学派及其观点。

一、管理理论的丛林

（一）社会系统管理理论

社会系统管理理论的创始人是美国著名的管理学家和企业家切斯特·欧文·巴纳德（1886—1961）。他的代表作是 1938 年出版的《经理的职能》一书。在这本著作中，他把各类组织都作为协作的社会系统来研究，提出了一系列不同于传统组织理论的观点。他是继梅奥之后对于社会系统研究做出突出贡献的又一位代表人物，他的观点为现代组织理论奠定了基础。巴纳德的管理思想对西方管理理论进入现代管理理论阶段起着继往开来、承上启下的作用。美国当代著名管理学家哈罗德·孔茨把由他开创的管理理论体系称作社会系统学派。他的主要论点是：

第一，组织是一个社会协作系统，是"两个或两个以上的人，有意识协调的活动和效力的系统"。

他认为这个定义适用于各种类型的组织。组织的差异在于物质和社会的环境、成员的数量和种类、成员向组织提供的贡献等。组织由人组成，而这些人的活动互相协调，因而成为一个系统。一个系统要作为一个整体来对待。系统有各种级别，一个组织内部的各个部门或子系统是低级系统，由许多系统组成的整个社会是一个高级系统。

第二，协作系统包含的三个要素，分别是协助意愿、共同目标、信息联系。

"协助意愿"指的是组织中的每一个人为了结合在一起而做到自我克制，将个人的行为纳入组织整体的行动体系。这种协助意愿的大小跟个人为组织做出的牺牲与组织为个人提供的报酬之间有着密切的关系。

"共同目标"指的是组织中的人们是在共同目标基础上才进行协作的，个人的目标应当与组织的目标统一起来。

"信息联系"指的是组织成员只有相互沟通，才能对组织的共同目标有所理解，也才能产生协作的意愿和行为。组织必须有高效率的信息联系渠道和称职的信息联系人员，以保证信息沟通的效能。

第三，在组织中经理是关键人物，他的主要任务是协调组织和人之间的关系。

经理既要实现组织的目标，又要满足人的感情、欲望和各种需要，实现态度、动机和价值观的变化。经理要充分发挥每个人的才能去实现组织的目标，就必须帮助他们克服物质的、生理的、心理的和行为习惯的障碍。

第四，经理的权力只有被职工接受的时候才是有效的，因此必须加强彼此间的沟通。要使职工相信经理提出的要求是全面的、合理的。经理提出的要求既符合组织发展的需要，又满足个人的利益，也是自己有可能完成的。

第五，职工是组织的成员，他们要积极地参加组织的活动，并为组织做出贡献；组织要按照他们对组织贡献的大小给予不同的奖励，这种奖励要等于甚至要大于他们对组织的贡献。

第六，非正式组织是不受正式组织管辖的个人联系和相互作用以及有关的人们的总和。非正式组织可能对正式组织有某些不利影响，但它对正式组织至少有三种积极影响：

①就一些易于引起争论、不便在正式渠道提出的，难以确定的事情、意见、建议、怀疑在成员间交换意见。

②通过对协作意愿的调节，维持正式组织内部的团结。

③维持个人品格自尊心，并抵制正式组织的不利影响以维持个人人格的感情。

巴纳德指出，当个人和正式组织之间发生冲突时，这些因素对维持一个组织的机能起着重要的作用。所以，非正式组织是正式组织不可缺少的一部分，其活动使正式组织更有效率并促进其效力。

巴纳德以前的组织理论把组织看成人的结构与物的结构的联合体，并把这样的联合体视为与外界隔离的封闭组织。巴纳德认为：物的结构只是组织的物理环境，人才是组织本身的构成因素。并且每个人同时也是其他组织的成员，把组织看成开放的这一观点从根本上突破了"封闭式组织"的局限性。

（二）决策理论

决策理论学派是当代西方管理理论的一个重要学派，产生于20世纪50年代。这个学派的主要代表人物是美国卡内基梅隆大学教授赫伯特·西蒙（Herbert A·Simon）。他由于在决策理论的研究上做出了贡献，曾获得1978年的诺贝尔经济学奖。他的代表作是《管理行为》（1947年）和《管理决策新科学》（1960年）。

决策理论学派将第二次世界大战以后发展起来的系统理论、运筹学、计算机科学综合应用于管理决策问题，形成了一门有关决策过程、准则、类型及方法的较完整的理论体系。决策理论的主要论点是：

1. 管理就是决策

这是西蒙等人的著名论断。西蒙认为，一个组织的任何一个成员的第一个行为就是对参加或不参加这个组织做出选择。他选择的依据是对组织做的贡献与从组织中得到的诱因进行比较，诱因大于贡献他就参加，否则就不参加，因而第一个行为就是决策。组织成员做出参加组织的决策之后，还要进一步做出其他种种决策。组织成员的工作和成就是不断决策的过程。组织中的人都是决策人。组织就是一个人群行为的复杂的决策网状结构系统。组织的决策过程是为实现组织目标而采取何种行为的一种选择过程。组织就是一个由个人决策和组织决策两个层次构成的复杂的决策网状结构。决策是组织管理活动的中心过程，并且贯穿于整个管理过程和各个方面，无论计划、组织还是控制都离不开决策。

西蒙的决策人和"管理就是决策"的思想是比较深刻的。在管理理论的人的问题上，西蒙的决策人的观点在一定程度上触及了人的主体性属性。在对管理的理解上，他提出了管理的一个新的内涵：在古典理论和行为科学中，管理主要在管理职能和激励的含义上被理解和看待，而"管理就是决策"的产生在一个新的层次上揭示了管理的本质属性。

2. 决策的过程

决策的过程包括查明决策的理由、研究行动的可行性方案和在各种行动方案中进行选择三个阶段。为此，决策应该做相应的三项工作：情报工作、设计工作和选择工作。

西蒙强调，一个组织的经理在前两个阶段上花的时间更多，只有前两个阶段的工作做好了，才能在第三个阶段做出正确的决策。

3.决策的准则是相对优化原则

西蒙认为，人们通常说的最优化的决策，只是决策的理想状态。实际上，最终"完全合理"的、"最优化"的决策是不可能的。他提出决策的准则应当是"符合要求"和"足够好"。

4.组织中的决策包括程序化决策和非程序化决策

这两类决策承担的管理阶层是不同的，基层机构管理人员通常使用的是程序化决策，在中层两种决策都要应用，而高层机构管理人员主要处理的是非程序化决策。因此，人们应当根据一个问题的性质、发生的频率和确定性程度来确定何种决策以及应当由哪一个管理阶层来做出。

（三）经验主义理论

经验主义学派也称"案例"学派。这一学派认为，管理学就是要研究管理经验，也就是说要通过对大量企业的管理经验的总结、比较，形成理论化的知识体系，然后传授给管理人员。由于这一学派一般都强调从企业管理的实际经验出发，而不是从一般原则出发来研究管理，所以被称为经验主义学派。

这一学派主要代表人物有彼得·德鲁克（大企业的顾问、大学教授）、欧内斯特·威尔（大公司董事、大企业顾问）、威廉·纽曼（大学教授）等。其中最为著名的是当代著名的经验主义管理学家彼得·德鲁克。德鲁克的著作颇丰，如《管理的实践》（1954年）、《有效的管理者》（1966年）、《管理——任务、责任和实践》（1973年）、《动乱时代中的管理》（1980年）、《创新与企业家精神》（1985 年），等等。其中，《管理——任务、责任、实践》是他最主要的代表作。该著作全面地阐述了他的管理哲学和对管理的任务、责任和实践等方面的看法，被誉为经营管理的经典著作和百科全书。

德鲁克对管理的许多见解和他的同时代人相比有许多新颖独到之处，并且由于他的观点和看法更贴近管理实际，因此，他在美国、西欧和日本都得到管理理论界和企业界的很高评价。德鲁克对于管理的主要观点有以下几点。

1. 管理的任务

德鲁克认为，社会是由多种机构构成的，管理是机构的器官。为了机构能执行其职能并做出贡献，管理必须完成三项同等重要而又极不相同的任务。即完成本机构的特殊目的和使命、使工作富有活力并使职工有成就、对社会的影响和对社会的责任。

德鲁克提出，企业的目的是创造顾客，而不是创造利润。因为企业是社会的一个机构，社会赋予其一定的功能和使命，它必须为社会服务，具体来讲就是为用户服务。这是由企业在社会中的地位决定的。企业的目标是通过两个基本职能来实现的，即推销和创新。推销是为了满足顾客需要，而创新是为了创造顾客需要。

德鲁克认为，工商企业的真正资源是人。企业是通过使人力资源更有生产性来执行其工作，通过有生产性的工作来取得成绩。简单地讲，凡是能直接有助于机构成长的工作都是有生产性的工作。这就是说，机构的管理层应该根据组织本身的需要创设新的工作，并经常使原有的工作增加新的内容。要使工作人员有成就感，就必须了解人具有特殊的生理心理特质和不同的行为方式。因此，对人才进行管理，绝不能忽视人们心理上的因素，要设法满足职工对责任、参与、激励、报酬、地位等方面的要求。企业中的职工，不论是操作机器的工人还是执行副总经理，都必须通过有生产性的工作和有成就的职务来获得满足，而且也是有可能获得满足的。

德鲁克指出，所有各种机构的管理者都要对他们的副产品，即他们的合法活动对人和物质环境及社会环境的影响负责。企业对社会的主要责任就是它应该对社会产生积极的影响，同时，把社会问题转化为企业的机会。工商企业的存在，不是为了自身，不是为了工人和管理层有就业的机会，也不是为了分得红利，而是为了给顾客提供商品和劳务。企业为了承担它对社会的责任，提供商品和劳务，就必须对社会有所影响。一方面为所在社区提供就业机会和税收来源；另一方面又生产出废品、废水、废气等污染物，严重污染环境。在当今这个多机构的社会中，企业必须日益关心它所提供的商品和服务的数量与质量，关心人们的生活和社会的环境。

2. 管理人员的职责

德鲁克认为，管理人员有两项别人无法替代的职责：一是必须形成一个"生产的统一体"，即创造管理的综合效益。为此，管理人员就要克服企业中所有的弱点，并使各种资源、特别是人力资源得到充分的发挥。二是他在做出每项决策和采取每个行动时，都要把当前利益和长远利益协调起来。每个管理人员都有一系列共同的必须执行的职能。这些职能是制定目标、进行组织工作、激励和联系工作、进行衡量工作，使职工得到成长与发展。

3. 管理的技能与目标管理

管理是特殊的工作，因此要求一些特殊技能，其中包括做出有效的决策、有效地进行信息联系、正确运用控制和衡量、正确运用分析工具及管理科学。

目标管理是使管理人员和职工在工作中实行自我控制并达到工作目标的一种管理技能和管理制度。它是由德鲁克首先创立的。德鲁克认为，古典管理学派偏重于以工作为中心，忽视人的一面；行为科学又偏重于以人为中心，忽视同工作相结合。目标管理则综合了以工作为中心和以人为中心这两个方面，使职工发现工作的兴趣和价值，从工作中满足其自我实现的需要，企业的目标也同时可以实现。

4. 管理的组织

德鲁克提出，组织结构不是自发形成的，组织的设计和结构需要思考、分析和系统的研究。他提出，一个规范的组织结构应满足如下要求：明确性、经济性、远景方向、理解本身任务和整体任务、有利于信息交流和加速决策、稳定性和适应性、永久性和自我更新。

5. 高层管理

高层管理是对整个企业进行指挥、确定视野、制定标准的结构。德鲁克认为，高层管理的任务主要是明确机构的使命、建立有效的组织结构、建立文化、发展公共关系、参加礼仪性的活动、处理紧急文件和重大危机。可见，高层管理的任务具有多项性、再现性、非连续性等特点。

二、建立统一的管理理论的探索

西方管理理论丛林时代，各管理学派都力图利用现代科学的成果探索管理合理化的各种原理、方法和手段。由于他们的研究方向和角度不同，因此管理理论研究在一个多侧面广阔的领域里展开，并且对每一方面研究也都比较深入。对这种现象，在美国有两种不同的评价：一种是以孔茨和奥唐奈为代表的悲观的评价，认为这种现象是管理理论的混乱。另一种是以西蒙为代表的乐观的评价，认为在管理研究中必须有各种方法，如管理人员职能法、系统法、决策法、行为科学法和数学法，这些绝不是学派，只是研究方法上的分工，即根据问题的性质所采取的不同方法。西蒙认为，管理理论正是在这种研究分工和方法分工的进展中发展的。其实，现代管理理论"丛林"式发展在本质上反映了管理实践的多层面性和多侧面性，适应了社会化大生产的需要，对维持和推动发达工业国家经济发展起了一定作用。但是，管理理论只有分散没有统一，也不是发展方向。实际上，各学派虽然各自独立，但它们相互之间的关系却十分密切，有些甚至难以截然分开。在建立统一的管理理论的探索中，出现了有代表性的两种新的理论：系统管理理论和权变管理理论。他们或是用系统理论及其研究方法将各派管理学说兼容并蓄、融为一体，寻求统一适用的模式和原则；或者注重灵活运用各派学说，强调随内外环境的不同而随机应变，采取权变的管理手段。

（一）系统管理理论

系统管理理论的代表人物有里查德·约翰逊、弗里蒙特·卡斯特、詹姆斯·罗森茨韦克等。1963 年，他们三人共同撰写了《系统理论与管理》一书，比较全面地阐述了系统管理理论。

系统管理理论和社会系统理论有密切的联系，但侧重点不同。巴纳德的社会系统理论主要关心的是以人为构成要素的组织系统，研究组织中人与人的协助、交流等关系。系统管理理论则把人力、财力、物力、信息乃至整个自然界看作一个相互联系的整体，把管理活动涉及的一切因素都纳入一个系统中进行分析研究。任何一个特定的系统都存在于一定的环境及以外的高层系统之中，而且有明确的边际规定性。任何一个系统都有一个整体目标和局部目标的关系，有一个它与外部系统、内部子系统的关系问题。"系统分析"就是分析系统内、外部的各种关系，并从全局出发制定决策，进行统筹管理。系统管理理论强调管理系统的开放性以及同外部环境进行物质、能量、信息交换的必要性和重要性，认为这是使系统进入有序、稳定状态的充分必要条件。

（二）权变管理理论

权变管理理论是20世纪60年代末70年代初在美国形成的一种管理理论。这种理论认为，在管理中，管理思想和管理方式要根据环境和内外条件的变化而随机应变，不存在一成不变的、普遍适用的"最好的"管理理论和方法。权变管理就是要依据环境自变数和管理思想、管理技术因变数之间的函数关系来确定的一种有效的管理方式。这种函数关系可以理解为"如果—就要"的关系，即"如果"某种情境存在或发生，"就要"采用某种管理思想和管理方法，以便更好地实现组织的目标。

权变管理理论强调针对不同的具体条件，采用相应的管理方式，符合具体情况具体分析的科学态度。其实，离开组织的内部、外部条件，主观地决定管理方式肯定是不科学的。但是，权变管理理论本身也存在明显不足，如其考虑各种具体条件和情况，而没有用科学研究的一般方法的发展概况；只强调特殊性，否认普遍性；只强调个性，否认共性。

三、组织文化理论

一般管理理论经历了科学管理、人际关系—行为科学、管理理论丛林三大发展阶段，其间的管理学派数不胜数，实际上只是沿着两条线索在发展：第一条线索是侧重组织和技术方法的作用，以工作（或生产）为中心，强调组织机构和规章制度，重视运用各种技术手段和科学工具来达到组织的目标；第二条线索是重视人的行为和人际关系，以人为中心，重视人的心理因素的作用，强调满足员工的需求和愿望，以调动员工的积极性来达到组织的目标。这两种倾向各有其合理性，也有其片面性。如何解决这一问题，把人与物、理性与非理性、个人与组织统一起来加以综合考虑呢？组织文化理论更好地解决了这一问题。

（一）组织文化理论的形成

关于组织的文化问题，古典管理理论学者、行为科学学者都曾程度不同地触及，如社会系统学派主要代表人物巴纳德就曾指出：总经理的主要任务就是形成共同价值和担任管理。1957 年，美国学者赛尔尼克在《领导与行政管理》一书中提出："机构的领导人，主要是促进和保护价值的专家。"1970年，美国波士顿大学组织行为学教授戴维斯在《比较管理——组织文化的展望》一书中正式提出组织文化的概念。1971 年，经验主义学派的代表人物德鲁克在《管理学》一书中把管理与文化明确联系起来，他说："管理是一种社会职能，隐藏在价值、习俗、信念的传统里，以及政府的政治制度中。管理是受文化所制约的不是'无价值观'的科学。"1981 年，美国斯坦福商业管理学院教授理查德·巴斯卡尔和哈佛大学教授阿索思首先推出《日本的管理艺术》一书，书中以战略、结构、制度、人员、技能、作风和最高目标这七个因素为基础，结合日本和美国一些一流企业，提出了管理中"硬"因素和"软"因素的区别，把战略、结构、制度称为硬因素，把人员、技能、作风和最高目标称为"软"因素，并强调"软"因素的作用，还特别提出价值观、信仰是管理的哲学基础。同年，日裔美国学者威廉·大内出版《Z 理论》。该书分析了企业管理与文化的关系，明确提出了公司文化的构成与作用，认为公司的控制机制是"被一种哲学所包容"，这种哲学就是"组织文化"，它包括价值观、传统和风气，并用一套符号、礼仪及神话将组织的价值观和信念传达给职工。1982 年，美国学者托马斯·彼得斯和小罗伯特·沃特曼花两年多时间，深入调查了大量企业后提出，成功公司的主要特征是文化的驾驭力和凝聚力，并出版了《寻求优势——美国最成功公司的经验》一书。同年，迪尔和肯尼迪出版了《公司文化》一书，对公司文化提出了比较系统的理论。

此后，组织文化理论由美国传到日本、东南亚和西欧，不仅在理论认识上，而且在管理实践中，都产生了深刻的影响。1982 年，哈佛大学首先开设了"公司文化"课。美国一些咨询公司也纷纷转向为客户分析如何发展公司文化以及使公司文化与战略协调一致。许多企业界的管理者都把建设和培植企业文化作为重要的管理任务组织实施。

（二）组织文化的概念

1982 年美国最先出版《公司文化》专著的作者迪尔和肯尼迪认为，价值标准是公司文化的基础，是一个公司走向成功的哲学精华，它为全体职工提供共同方向的概念以及他们日常生活的准则。日本学者加护野忠男和野中郁次郎认为，所谓企业文化（组织文化），就是给组织成员以共同认识和共同行为方式的组织的价值观，或者说是使价值观和规范制度等成为正当合理的知识体系。可见，西方所谓的企业文化，主要是指企业的指导思想、经营哲学、管理风貌以及其行为方式。它包括价值观念、经营哲学、管理思想、文化教育、行为准则、道德规范、文化传统、风俗习惯、典礼仪式及企业形象等，是一种以价值观为核心的对全体职工进行一定企业意识教育的微观文化体系。

（三）组织文化的要素、特点及功能

迪尔和肯尼迪认为组织文化的要素主要有五个。

1. 环境

它是形成和塑造企业文化的重要条件，其内容包括企业的社会、政治、法律、文化、技术等各种因素。

2. 价值观

它是企业为经营成功而对企业与外部环境及企业内部人与人关系所持的根本观点和看法。其内容包括企业员工在经营观念、行为取向等方面形成的共同信念、准则等。价值观是企业文化的核心和灵魂。

3. 典范人物

这是企业价值观人格化的表现。它通过树立英雄形象，为员工提供学习的具体典范，把企业的价值观内化为员工的行为规范。

4. 仪式和典礼

它是企业宣传自身价值观念的方式，是企业价值观变为全体员工的认同和共识的增强剂，形式上是公司有系统、有计划、有秩序地例行日常事务的方式。

5. 文化网络

它是指公司与基层、基层与基层以及员工之间的沟通方式，它是传递公司价值观念的渠道。这种文化网络通常表现为"文化沙龙""讲故事的人""饶舌者"等方式。

组织文化的特点：

①它集中体现了企业对自己的社会责任的认识及企业员工对人生和工作意义的了解。它是企业在长期经营管理中形成的以全体员工的价值认同和共识为基础的一种独特的管理方式和方法。

②企业文化的核心是企业价值观念，是企业的灵魂。

③企业文化是企业管理中的"软性"因素，它同传统的规章制度、财务分析、企业战略规划等硬性因素不同，它讲求人的内心的自觉意识，反对单纯的外在控制，以全体员工认同的价值观念，以及在其基础上建立的崇高目标，作为规范企业内部员工一切行为的最终准则。

④企业文化强调的是整体力量，不同于行为科学研究个体的人。其作用在于提高企业的内聚力，建立和形成良好的人际关系，发挥整体优势。

公司文化（组织文化）作为一种管理方式和手段，其主要功能在于增强企业的凝聚力、向心力，激励全体员工同心协力，实现企业目标。迪尔和肯尼迪指出，企业管理的中心是人，而管理人的方法和管理物的方法是不同的，必须通过文化的影响和非正式的规则，使人们对自己所做的工作感到满意，并愿意努力工作。具体来说，组织文化的作用主要有以下五点：

第一，通过共同的价值观，起到统一员工思想的作用，从而增强企业的内驱力和向心力，加强员工的自我控制。

第二，激励员工奋发进取，提高士气，重视职业道德，形成创业动力。

第三，为企业实现战略意图和进行创新改革提供思想基础，提高企业对环境的适应能力。

第四，有利于改善和优化人际关系，使企业员工产生更大的协同力，从而发挥企业的整体优势。

第五，有利于树立企业形象，提高企业声誉，扩大企业的知名度和社会影响。

组织文化理论在强调文化因素、重视以人为本的同时，把经济与心理、制度与情感、组织与个人在整体思想上结合起来，找到了全新的平衡机制和方法，反映了管理理论发展的两条线索，走向综合与统一的大趋势。

四、学习型组织管理理论

21 世纪是知识经济时代，世界政治、经济、文化各领域都发生了许多重大变化，尤其是信息沟通技术的巨大发展，以电子技术为基础的新技术革命在广度和深度上不断推动着科技进步和社会经济生活的变化，日新月异的信息网络技术的发展大大推进了全球经济一体化的进程，资金、技术、设备都在全球范围内以前所未有的速度流动和转让，市场的国际化造成了竞争的国际化。在这种背景下，企业是否能生存和发展首先取决于它的应变能力，取决于它是不是能跟得上这种外界大环境变化的规模和速度。然而，传统的管理模式是以泰罗的科学管理为基础的，它强调按照职能分工、条块分割的管理方式形成"金字塔"形的管理组织机构，是以等级为基础、以权利为特征、对上级负责的垂直型的纵向线性系统。这种"金字塔"式的管理显然无法适应面对外来信息变化做出快速反应的需要。20世纪90年代初，一些著名跨国公司连年亏损的原因之一，就是企业管理仍然沿袭着"金字塔"式的传统管理模式。有资料显示，自20世纪70年代以来，在世界范围内，企业的平均寿命在缩短。在美国，平均有62%的公司存活不到5年，寿命超过20年的公司数只占公司总数的10%。只有2%的公司能存活50年，美国的高新技术企业只有10%能活过5年。1970年名列美国《幸福》杂志前500名的大企业，有三分之一到1983年时已经消失了。许多知名的大企业在辉煌过后纷纷退出历史舞台，其中的一个重要原因就是传统组织和管理观念不能适应新时代的要求。如何使新世纪的管理更好地适应这种变化趋势呢？国际上许多企业家、经济学家和管理学家进行了许多新的探索。学习型组织管理理论就是在这样的背景下产生的。

学习型组织（Learning Organization）管理理论是由美国麻省理工学院教授、著名管理学家彼得·圣吉提出的。20世纪80年代初，圣吉依靠一群有崇高理想的企业家，花了近十年时间构思出学习型组织的蓝图。1990年他出版了《第五项修炼——学习型组织的艺术与实务》一书，全面阐述了学习型组织管理理论。圣吉在系统、细致地分析了学习型组织的内部结构和运作规律以后认为，学习型组织是21世纪全球企业组织和管理方式的新趋势。该书荣获了1992年世界企业学会最高荣誉——开拓者奖，美国《商业周刊》把圣吉推崇为当代最杰出的新管理大师之一。西方众多企业实践表明，这种管理理论能使企业组织在现代创新、竞争和快速发展的经济社会中，有着更强的生命力，是许多企业管理者所追求和向往的企业管理模式。

1997 年 7 月 15 日至 18 日，世界管理协会联盟和中国国民经济管理学会在上海召开了世界管理大会。会上，管理专家提出了未来世界管理变革的十大趋势。

①创新——为适应科技、经营环境的急剧变化，不断进行战略创新、制度创新、组织创新、观念创新和市场创新，把创新渗透于整个管理过程之中，这将成为未来管理的主流。

②知识——最重要的资源。

人类已进入信息社会，信息社会是智能化、知识化的社会，是知识量、信息量急剧增长的社会，是知识经济时代，知识生产力已成为社会经济发展的关键因素。

③学习型组织——未来成功企业的模式。

④快速的应变能力——时代的新要求。

⑤权力结构转换——变正"金字塔"为倒"金字塔"。这不只是结构层次的转置，而且管理层会大大减少，将大大提高组织效率。

⑥弹性系统——跨功能、跨企业的团队。

⑦全球战略——下一世纪企业决战成败的关键。

⑧跨文化管理——管理文化的升华。

在保持本土优秀文化基础上兼收并蓄，建立既有自己特色又充分吸纳人类先进文化成果的管理模式。

⑨"四满意"目标——企业永恒的追求，即顾客满意、员工满意、投资者满意和社会满意。

⑩"没有管理的管理"——管理的最高境界。

在全员管理的境界中，人人既是管理者，又是决策者和执行者。这将大大激发员工的主动精神，并使之与企业融为一体。

这十大变化趋势都与学习型组织的管理理念有关，也从多个侧面反映了学习型组织的特征。国内外许多学者预言，未来最成功的公司，将是那些基于学习型组织的公司。下面对学习型组织理论的主要观点进行简要介绍。

（一）学习型组织的含义

学习型组织最初的构想来源于圣吉的教师佛睿思特。他在 1965 年《企业的新设计》一文中具体构思了未来企业的一些基本特征，即组织结构扁平化、组织信息化、组织更具开放性、员工与管理者的关系逐渐由从属关系转向工作伙伴关系、组织不断学习、不断调整组织内部的结构关系等。

致力于介绍和推广学习型组织理论的杨硕英教授认为："圣吉所希望建立的学习型组织，是一种不同凡响，更适合人性的组织模式，由伟大的学习团队形成社群，有着崇高而正确的核心价值、信念与使命，具有强劲的生命力和实现梦想的共同力量，不断创造，持续蜕变。在其中，人们胸怀大志，心手相连，相互反省求真，脚踏实地，勇于挑战极限及过去的成功模式，不被眼前的近利所诱，同时以令员工振奋的远大共同愿望，以及与整体动态搭配的政策与行动，充分发挥生命的潜能，创造超乎寻常的成果，从而在真正的学习中领悟工作的意义，追求心灵的成长与自我实现，并与周围的世界产生一体感。"

我国学者提出，所谓学习型组织，是指通过培养弥漫于整个组织的学习气氛，充分发挥员工的创造性思维能力而建立起来的一种有机的、高度柔性的、扁平化的、符合人性的、能持续发展的组织。这种组织具有持续学习的能力，具有高于个人绩效总和的综合绩效。

我国较早研究并在国内广泛讲授、积极推行学习型组织管理理论的著名学者张声雄教授认为：所谓学习型企业，是以共同愿景为基础、以团队学习为特征、对顾客负责的扁平化的横向网络系统。它强调学习和激励，不但使人勤奋工作，而且尤为注意使人"更聪明地工作"；它以增强企业的学习为核心，提高群体智商，使员工自我超越、不断创新，实现企业财富速增、服务超值的目标。学习型组织管理理论强调企业的领导者主要是当好三个角色：一是优良系统的设计师；二是共同愿景的仆人；三是好教师。强调企业员工要依靠团队学习和共同愿景自我引导，使整个企业成为充满学习和创造力的系统，这样才能不断自我超越、不断向极限挑战，从而不断创造新的成就。

我国学者提出了构成学习型组织的六大要素：

①拥有终身学习的理念和机制；

②拥有多元回馈和开放的学习系统；

③形成学习共享与互动的组织氛围；

④具有实现共同愿景的不断增长的学习力；

⑤工作学习化使成员活出生命意义；

⑥学习工作化使组织不断创新发展。

（二）学习型组织的特征

1. 组织成员拥有一个共同的愿景

组织的共同愿景来源于员工个人的愿景而又高于个人愿景。它是组织中所有员工共同期望的景象，是他们的共同理想。它能使不同个性的人聚集在一起，朝着组织共同的目标去努力。

2. 组织由多个创造性团体组成

在学习型组织中，团体是最基本的学习单位，团体本身应该理解为彼此需要他人配合的一群人。组织中所有的目标都是直接或间接地通过团体努力来达到的。

3. 善于不断学习

这是学习型组织的本质特征，主要有四种含义：一是强调终身学习。即组织中的成员均能养成终身学习的习惯，才能形成组织良好的学习气氛，促使其成员在工作情境中不断地学习。二是强调全员学习。即企业组织的决策层、管理层、操作层都要全身心投入学习。尤其是经营管理决策者，他们是决定企业发展方向和命运的重要阶层，因而更需要学习。三是强调全过程学习。即学习必须贯穿于组织系统运行的整个过程。四是强调团体学习。即不但重视个人学习和个人智力的开发，更重视组织成员的合作学习和群体智力的开发。

4. "地方为主"的扁平式结构

传统的企业组织是金字塔形的，机构重叠，效率不高，容易产生官僚主义，决策层和操作层不能直接互通信息，不能互相学习，不利于建立"整体互动思考模式"，不能使企业协调地高效运转。而学习型组织内部结构是扁平的，从最上面的决策层到最下面的操作层，中间层次极少。这种组织结构有利于上下沟通，在组织内部形成互相理解、互相学习、整体互动思考、协调合作的群体，从而产生巨大、持久的创造力。

目前，发达国家的一些大企业，随着内部交换网络的建立，已将中间层取消，建立了决策层、管理层、操作层在同一平面上工作的"平面化"管理模式。

学习型组织改变了企业组织的组织结构，它尽最大可能将决策权下放到离最高管理层或公司总部最远的地方，即决策权往组织机构下层移动，让最下层单位拥有充分的自决权，并对产生的结果负责，从而形成"地方为主"的扁平化组织结构。

5. 自主管理

学习型组织理论认为，"自主管理"是使组织成员边工作边学习，并使工作和学习紧密结合的方法。通过自主管理，可由组织成员自己发现工作中的问题，自己选择伙伴组成团队，自己选定改革进取的目标，自己进行现状调查，自己分析原因，自己制定对策，自己组织实施，自己检查项目，自己评定总结。团队成员在"自主管理"的过程中，能形成共同愿景，能以开放求实的心态互相沟通。不断学习新知识，不断进行创新，从而增加组织应变、创造未来的能力。

6. 组织的边界将被重新界定

学习型组织的边界的界定，建立在组织要素与外部环境要素互动关系的基础上，将超越根据职能或部门划分的"法定"边界。例如，把销售商的反馈信息作为市场营销决策的固定组成部分，而不像以前那样只作为参考。

7.员工家庭与事业的平衡

学习型组织将努力使员工丰富的家庭生活与充实的工作生活两者相得益彰。学习型组织将对员工承诺支持每位员工充分地自我发展，而员工也应以承诺对组织的发展尽心尽力作为回报。这样，个人与组织的界限将变得模糊，工作与家庭之间的界限也将逐渐消失，两者之间的冲突也必将逐渐减少，从而提高员工家庭生活的质量，达到家庭与事业之间的平衡。

8.领导者的新角色

在学习型组织中，领导者是设计师、仆人和教师。领导者设计工作是对一个组织要素进行整合的过程，它不只是设计组织的结构和组织政策、策略，更重要的是设计组织发展的基本概念；领导者的仆人角色表现在他对实现愿景的使命感，并自觉地接受愿景的召唤；领导者作为教师角色的首要任务是界定真实情况，协助人们对真实情况进行正确、深刻的把握，提高人们对组织系统的了解能力，促进每一个人的学习。

（三）学习型组织的五项修炼

如何使组织不断发展变成学习型组织呢？圣吉在他的《第五项修炼——学习型组织的艺术与实务》一书中，对如何创建学习型组织提出了五项修炼。

1.自我超越

自我超越是指突破个人能力极限的自我实现，是个人成长的学习修炼。这是学习型组织的精神基础。圣吉指出："精通自我超越的人，能够不断实现他们内心深处最想实现的愿望，他们对生命的态度就如同艺术家对艺术作品一样，全身心投入，不断创造和超越，这是一种真正的终身学习。"只有组织中每一个层次的人都追求自我超越，努力发展本身，才能真正建立起学习型组织。

建立个人愿景是自我超越的前提。所谓个人愿景就是个人发自内心的追求及其终极目标。它是个人工作和生活的精神层面。它可以为自我超越设立目标。组织的共同愿景正是以个人的愿景为基础的，当组织成为组织成员自我的工具时，他们才可能将共同愿景视为个人愿景的体现，并为建立共同愿景而贡献自己的智慧与才能。

2. 改善心智模式

所谓"心智模式"是根深蒂固存在于人们心中，影响人们如何认识周围世界，以及如何采取行动的许多假设和想象。它不仅影响人们如何认识世界，更重要的是它还影响着人们的行为。对个人和组织来说，心智模式都是客观存在的。而通常人们又不容易察觉到自己的心智模式以及心智模式对行为的影响。

在管理团体的许多决策模式中，决定什么可以做、什么不可以做，常受到心智模式的影响。而组织中许多好的构想无法付诸实施，也常常是因为它和人们对于周围世界如何运作的看法和行为相抵触。因此，学习如何将心中的心智模式摊开，并加以检验和改善，有助于改变人们心目中对于周围世界如何运作已有的看法，这对于建立学习型组织是一个重大的突破。

引导员工摊出个人心智模式并加以检视，是建立学习型组织的重要一环。因为个人的心智模式隐藏在意识层面下，要不时地对其加以检验，并随时地改善它们。"皇帝的新装"就是个典型的例子，它正说明了臣民的心智模式：

高贵的皇帝一定穿着一套漂亮新衣，不可能会赤裸裸地站在他们面前。

改善组织的心智模式，最关键的是检视领导者的心智模式。同时，在组织内部发展面对面的学习也很重要，通过团队学习，员工之间可以充分表达自己的想法，并以开放的心态接纳别人的想法，从而产生比个人看法更深入的见解。

3. 建立共同愿景

所谓共同愿景就是组织中大家共同的愿望、理想和目标。共同愿景对学习型组织是至关重要的。因为学习型组织的关键是要有持续扩展的能力。而这种持续扩展的能力正是由共同愿景激发出来的。共同愿景是由组织中个人愿景汇聚而成的，是集体的产物。它不是领导者强加于组织成员的，而且能够激发出组织成员强大的精神力量。因此，建立共同愿景可以把大家聚集在一起，帮助组织培养成员为共同目标主动而真诚地奉献和投入的精神。因此，领导者必须注意与员工广泛交流个人观点，从而消除员工对改革的抱怨，并改变员工对领导个人愿景被动服从的状况。建立共同愿景的修炼包括鼓励建立个人愿景、在组织内塑造整体图像、融入企业理念、学习双向沟通技术、忠于事实等方面的内容。

4. 团体学习

近年来科技的快速发展和全球的竞争加剧使团体对组织的发展越来越重要。企业组织只有发挥团体精神才能真正提升竞争能力。

所谓团体是指一小群具有不同技能的个人相互依存地工作在一起，这群人认同某一共同目标，为了达到共同目标，他们贡献自己的能力，扮演好自己的角色，彼此分工合作、沟通协调、齐心协力，并为目标的实现共同承担成败的责任。团体在组织中是最关键、也是最佳的学习单位，组织内通过建立更多的学习团体，可以形成良好的共同学习的风气。

团体学习是发展团体成员整体搭配与实现共同目标能力的学习活动和过程。它是建立在共同愿景和自我超越的基础之上的。团体学习的方式是真诚交谈与讨论。真诚交谈就是一个团体的所有成员表达心中的假设，一起思考。有效的真诚交谈的基本前提是把组织中所有成员视为工作伙伴，由此才能共同深入思考问题，产生较好的互动，使彼此思维不断地补充和加强。讨论则是提出不同的看法加以辩论。真诚交谈和讨论是互补的。通常人们用真诚交谈来探讨复杂问题，用讨论来达成协议。一个学习型的团体要善于交叉运用真诚交谈与讨论这两种方式。

5. 系统思考

圣吉认为，系统思考是看见整体的一项修炼，是五项修炼的核心和基础。系统思考就是要求人们应用系统的观点看待组织的发展，即从看局部转换为看整体、从看事物的表面转为洞察其变化背后的结构、从静态的分析转到认识各种因素的相互影响、从把人们看作无助的反应者转为把他们看作改变现实的主动参与者、从对现状只做反应转为创造未来。

圣吉发现，人们常常忽略世界的整体性，习惯用片面的、线段的、割裂的方法来观察世界，在处理一些复杂问题时，习惯于将其分割成可以处理的片段来思考，然后加以整合。而对于整体形成的要素——组织分子之间的整体互动关系及其所形成的复杂现象却往往忽略不见。而正是这种动态性的复杂有时会抵消个人或群体改善问题的所有努力，它会诱使舍本求末、避重就轻、一再犯错，甚至是会努力地制造共同的悲剧。因此，圣吉告诫人们，要了解组织中的管理问题的症结，必须先了解产生这些问题的系统集体，研究整体内的互动因素以及与问题相关的因素。

系统思考必须遵循以下十一条法则：①今日的问题来自昨日的解；②越用力推系统反弹力越大；③恶化之前常先好转；④显而易见的解往往无效；⑤权宜之计的对策可能比问题更糟；⑥欲速则不达；⑦因与果在时空上并不紧密相连；⑧寻找小而有效的杠杆解；⑨鱼和熊掌可以兼得；⑩系统具有整体性且不可分割；不可绝对归罪于外。

学习型组织管理理论是一种宏观的管理理论，它适用于各类组织。新加坡用它指导政府管理，提出要建成学习型政府。日本用它指导城市管理，提出要把大阪建成学习型城市。我国同济大学把它用于指导学院管理，提出要把函授与继续教育学院建成一流的学习型学院。美国比尔·盖茨把它用于指导企业管理，努力把微软公司建成学习型企业。作为一种全新的管理理念，学习型组织正深刻地影响着政府、企业和学校等各类组织。我国的中小学如何借鉴国外学习型组织理论和实践的最新成果，努力把学校办成学习型组织，也是教育管理研究中值得重视和关注的课题。

五、现代管理理论对教育管理的影响

现代管理理论的不同学派都从不同的方面对教育管理理论和实践产生影响。如受系统论，特别是巴纳德社会系统理论的影响，教育管理人员把系统理论作为一种价值观和方法论来研究和解决教育管理中的各种问题。他们把学校组织看作社会大系统中的一种动态组织，社会上各种因素都会对学校的教育质量产生影响；把学校与外界环境联系起来，从整体上研究影响教育质量的各个因素之间的关系，如探讨社区环境对学校的影响，分析与学校管理有关的公共政策问题、社会经济阶层问题等，并采用系统分析的方法解决整体协调性、结构合理性、运行稳定性、环境适应性以及技术先进性问题。系统理论和系统方法被引进教育管理之中，使教育管理的科学化和现代化进入一个新的阶段。教育管理上使用的教育预测、教育计划、教育决策、教育质量管理、教育评价等新技术、新方法都是根据系统理论原则设计出来的。

再如，受西蒙决策理论观点的影响，格林菲斯提出，教育行政的本质就在于控制做决定的过程，决定是任何行政组织的中心。他还进一步提出了教育管理决定的六阶段说，即认识和限定问题、分析和估价问题、确定据以判定解决方案的准则或标准、收集数据、判定和选出优先的解决方案并事先进行测试、实施优先的解决方案。

又如，受组织文化理论的影响，教育管理者开始注重校园文化研究。他们认为，学校是一种教育组织，校园文化就是学校组织文化，学校管理应该以这种先进的管理理论为指导，注重校园文化建设，以共同的价值观和校园精神来激发教职工对学校目标和准则的认同，在和谐、融洽的人际关系环境中，使每个教职工最大限度地发挥自己的积极性和创造性，最终实现学校的组织目标。

第四节　教育管理发展的历史与现状

一、信息化背景

当前，随着云计算、大数据、物联网、移动计算、3D 打印等新技术不断涌现，经济社会各行业信息化步伐不断加快，社会整体信息化程度不断加深，人们的生活、学习和工作方式也在发生着深刻的变革，信息技术对教育的革命性影响日趋明显。信息时代对职业教育的影响主要表现在以下几个方面。

（一）改变职业教育环境

在信息化时代，传统的校园、课堂等教育环境将转变为由网络架构、数字技术和智能设备组成的新型教育环境。在新的教育环境中，全社会的教育资源将得到最大限度的整合，形成一个开放的教育平台，进而产生新的教育教学规律。在信息化教育环境下，教育者不仅需要掌握基本的信息技术工具，更需要用信息化的理念审视和指导教育教学过程的各个环节和领域。

（二）改变教育资源配置方式

在信息化环境下，职业教育系统由传统模式转变为不受时空限制的网络化系统。受教育者不仅可以通过传统的面授方式获得知识，还可以借助计算机、网络足不出户地接受教育。分布于世界各地的学生和教师可以同时在一个虚拟的教室中进行课程学习讨论。电子教育正在融入我们的生活。

（三）推动教育改革创新

在教育教学过程中引入信息技术能够有力地促进教育系统的重新组合，使职业教育观念现代化，过程终身化，内容和目标智能化、综合化、多样化和软件化，学生成长个性化，教学方法民主化，手段电子化，方式个别化、远程化，效果高效化。建立开放式的教育网络，可以最大限度地整合和优化教育资源，构建终身教育体系。

（四）改变教育评价标准

职业教育更加注重人才的信息能力、创新能力，以及协作精神、适应能力。在信息化时代，道德是人才的灵魂，体力和智力是人才的基础，信息和网络能力是人才的主要特点，而创新能力是人才培养的主要目的。信息时代可以使教育教学评价能力化和全面化。

二、全球化背景

全球化是指物质和精神产品的流动冲破区域和国界的束缚，影响到世界各地甚至每个角落的生活。全球化必然要求人才能力国际化、人才素质国际化。职业教育作为国家发展战略，必然要对全球化做出回应。

职业教育的发展观就是要关注人的职业发展。全球化背景下，人的发展，要求职业教育要为学生学会学习、学会合作、学会做事、学会创新服务；既要关注现在，更要关注未来的发展。

三、市场化背景

我国面临着实现工业化与追赶知识经济的双重压力和挑战。同时，随着产业结构调整加快，资本、技术密集型产业大量出现，以信息、金融为主导的新兴产业飞速发展，城镇化进程稳步推进，更大程度和更深层次上参与国际竞争，使市场经济体制建立的机遇与挑战并存。职业教育作为与市场经济联系最为直接、最为紧密的一种现代教育类型结构，只有主动适应市场经济体制要求，主动面向市场、走向市场、服务市场，以市场为主，优化资源配置，加快自我发展。而作为职业教育的培养对象——人，必须由被动服从转向自己做主，主动选择。由求同思维转向求异思维，由习惯模仿转向勇于并善于创新，由顺大流转向展示个性，由务虚转向务实，由注重投入与规模转向注重效益，由慢节奏转向高效率。

四、现代化背景

现代化是一个多层面的过程，它涉及人类思想和行为领域各个方面的变革，是告别旧模式，追求、创造现代文明的过程。它需要在现有的基础上汲取一切有益的经验，运用一切现代化手段，综合各个方面的要求，浓缩各种变化与进程，从而实现更先进的效果。当今中国的现代化是集工业化、信息化、市场化、世界化为一体的现代化，是一项非常繁荣的创造性工作。职业教育现代化主要体现在以下几个方面。

（一）职业教育思想现代化

把握教育发展的内在规律与时代特征，树立正确的教育观与人才观，如全面发展的观念、终身教育的观念、民主平等的观念、多元化教育的观念、素质教育的观念等。这是职业教育现代化的前提。

（二）职业教育体系现代化

职业教育体系现代化包括课程体系、教材内容以及与其相适应的教育方法的现代化。这是职业教育现代化的核心。

（三）职业教育设施、条件的现代化

职业教育设施、条件的现代化指的是校舍设施、装备条件具有比较先进的水准，能提供足够学生使用的现代化信息技术、体能训练器械、艺术教育手段，以及先进的科学实验与生产实习设备、充足的图书资料等。这是职业教育现代化的基础。

（四）职业教育师资和管理现代化

师资队伍的现代化是指教师的学历层次与文化知识具有较高的水准，具备学而不厌、诲人不倦的敬业精神，具有追求卓越、为人师表的师德修养，具备良好的教学基本功和技能技巧。这是职业教育现代化的根本。

管理的现代化是指管理队伍、管理制度和管理手段三方面的现代化，即具有一支具备现代化管理知识的高素质管理队伍，具备一整套现代教育管理制度，具备现代化的管理手段，从而使教育管理科学化和高效率。这是职业教育现代化的保证。

五、时代背景

建立现代职业教育体系，是促进现代职业教育服务转方式、调结构、促改革、保就业、惠民生和工业化、信息化、城镇化、农业现代化同步发展的制度性安排，对打造中国经济升级版，促进就业和改善民生，加强社会建设和文化建设，满足人民群众生产生活多样化的需求，都具有重要意义。

随着新型工业化的推进和科学技术的发展，现代职业教育体系越来越成为国家竞争力的重要支撑。特别是国际金融危机之后，美国、日本、俄罗斯、印度等国家都将完善现代职业教育体系作为增强国家竞争力，特别是发展实体经济的战略选择，力求在新一轮国际竞争中建立巩固的、可持续的人才和技术竞争优势。

改革开放以来，我国职业教育改革发展取得了巨大成就，中、高等职业教育快速发展，职业院校基础能力显著提高，产教结合、校企合作不断深入，行业企业参与不断加强，呈现良好的发展势头。但是，必须清醒地看到，我国职业教育仍然存在着社会吸引力不强、发展理念相对滞后、行业企业参与不足、人才培养模式相对陈旧、基础能力相对薄弱、国际化程度不高等诸多问题，并集中体现在职业教育体系不适应加快转变经济发展方式的要求上。抓住发展机遇，站在经济、社会和教育发展全局的高度，以战略眼光、现代理念和国际视野建设现代职业教育体系，加快发展现代职业教育，是促进教育公平，基本实现教育现代化和建设人力资源强国的必然选择。

第五节　现代教育管理的发展趋势

一、未来职业教育的创新趋势

（一）从能力本位走向人格本位

以前，职业教育从知识本位到能力本位，现在又正在向人格本位的方向发展。人格本位就是以人为中心，从培养人格素质高度出发的职业教育模式。由能力本位转向人格本位，是社会经济发展的必然趋势。党和国家一系列职业教育方针、政策和法律法规明确规定，实施职业教育必须贯彻国家教育方针，坚持立德树人，积极培育和践行社会主义核心价值观，加强教育和职业道德教育，弘扬劳动光荣、技能宝贵、创造伟大的时代风尚，全面提高受教育者的素质。这表明，新时期最成功的劳动者将是最为全面发展的人，最具开拓精神的人，最善于与人合作的人。因而，从能力本位走向人格本位，将成为职业教育现代化的重要内容。它要求职业教育在学科教学中渗透道德（人格）教育，在实践中培养学生正确的世界观、人生观、价值观，在生活中实现个人价值和社会价值的统一。

（二）从学校模式走向混合和开放模式

随着现代职业教育体系的进一步构建，职业教育办学模式将由单一的职业院校闭门办教育，向学校、企事业单位、公民个人等多元化开放办学发展，向集团化发展，并通过建设开放型职业教育体系，扩大引进优质职业教育资源，鼓励骨干职业院校走出国门，提高职业教育的辐射力、影响力。混合开放办学模式的形成，必将给职业教育带来无限的生机和活力，从而加快职业教育现代化的速度。

（三）从就业教育走向创业教育

就业教育与创业教育既是两种不同的人才培养目的，也是两种不同的教育质量观：前者以填补现有的、显见的就业岗位为价值取向；后者以创造性就业和创造新的就业岗位为目的。《中共中央关于制定国民经济和社会发展第十三个五年规划的建议》指出，要优化劳动力、资本、土地、技术、管理等要素配置，激发创新创业活力，推动大众创业、万众创新，释放新需求，创造新供给，推动新技术、新产业、新业态蓬勃发展，加快实现发展动力转换。从就业教育到创业教育，既是世界职业教育的总趋势，也是中国职业教育改革和发展的必然选择。它客观要求职业教育必须调整培养目标，把目标指向创业人才，教育学生树立创业意识，培养创业心理品质和创业能力，形成创业知识结构，建立面向人人的创业服务平台。

（四）从技能开发走向智力开发

长期以来，人们对于职业教育功能的认识习惯于注重技能开发，而忽视了智力开发。智力开发把受教育者当作教育的主体，作为一种资源，在人力开发的基础上，根据人的差异着力于人的潜能和创造力的培养，追求的是一种普遍的适应性和应变性能力的掌握，使受教育者成为一个全面发展的人。由技能开发向智力开发的转变，是职业教育现代化的重要内容，若想实现这一转变，一要树立以人为本的观念，着力于人的全面发展；二要进行必要的成功教育，不断培养受教育者的自信心；三要针对个性差异，开发受教育者多方面的潜能；四要加强抗挫折教育及适应性教育，培养受教育者的独立性和创造性。

（五）国际化发展，本土化构建

职业教育国际化与本土化，是当今世界全球化的产物，是一个在世界范围内不同国家和地区之间教育思想、经验及资源相互交流、彼此选择、取长补短、融合创新、共同发展的历史进程。未来现代职业教育必须融入时代大潮，把国际化发展与本土化构建置于战略高地，为世界职业教育打造"中国模式"。开拓国际化视野，强化本土化意识，确立改革开放合作，融通创新的职教发展战略新理念包括：确立职业教育国际化科学发展观；树立以人为本的现代职业教育观；更新通向国际化人才质量观；顺应国际化发展潮流与本土化构建的需要，建设具有中国特色和现代品质的职教新体制；加强中高等职业教育衔接，形成"一以贯之"的职业教育新体系；加强与继续教育交融，构建终身一体的职教培训新系统；加强职业教育与行业企业联盟，打造校企合作的职业教育新机制；加强国际交流与合作，创建学贯中西的职业教育新平台；协调职教与普教发展，构架异质统筹的教育新体制；面向国际化深化教学改革，打造具有中国特色的现代职教人才培养新模式；转变传统教学观，确立现代职业教育观；改革封闭、低效的传统教学模式，构建开放、高效的人才培养体系。

二、职业教育学科的发展趋势

针对职业教育的发展问题，未来职业教育学科的发展趋势主要表现在以下几个方面。

（一）研究对象的问题取向

职业教育学研究对象目前尚处于离散状态。有学者鉴于回答"职业教育本质是什么""职业教育研究对象是什么"的艰难，则倾向于结合对职业教育学科性质的认识，将职业教育研究对象还原到几个问题上。

（二）研究范式的交融取向

当科学研究进入跨学科行动的大科学时代，职业教育学研究方向的取向，必将由简单的研究向交融研究，即跨学科研究转变。在对其他学科的研究方法进行比较、移植、辐射和聚合并加工改造的基础上，融合成新的综合研究范式，同时还要有必要的学术规范。

（三）学科的分化取向

相对于其他社会学科，年轻的职业教育学科发展水平较低，学科还不成熟，一方面，它固然需要高水平的综合，另一方面，它更需要充分的分化和学科交叉，以深入研究专题性问题，吸收其他学科的营养，在此基础上形成更多的职业教育学分支。

（四）反思的广度与深度不断扩大、加深

这种有深度、成规模、更广泛的反思反映在：从职业教育学学术建设的内部问题出发，以职业教育学的研究对象反思为前提，对原有的职业教育学学科的概念、范畴、体系进行挑战、质疑与重构。

另外，在构建现代职业教育体系过程中，必然要面对如何解释现代职业教育现象，解决现代职业教育问题，揭示现代职业教育规律和内在本质过程中所遇到的新情况、新问题，并不断促使自身进一步发展、成熟和完善等一系列问题。

第三章　高职院校教学管理基础

第一节　高职院校教学管理的内涵与要素

教学管理是高职院校内部管理体系主要的、核心的组成部分，在高职院校的各项管理工作中占有重要地位，是高职院校治理体系和治理能力现代化建设的关键环节。教学管理水平的高低直接影响高职教育人才培养质量的好坏。

一、教学管理的内涵

自制度化学校教育产生以来，教学管理便成为教育理论研究与实践活动中的重要课题。关于教学管理的概念，不同的学者有不同的看法，至今没有完全统一的认识。具体来讲，学者们对教学管理的认识主要有以下三种观点：

第一种观点认为：教学管理是"学校管理者遵循管理规律和教学规律，科学地组织、协调和使用教学系统内部的人力、物力、财力、时间、信息技术等因素，确保教学工作有序、高效运转的决策和实施"。

第二种观点认为：教学管理是"学校教学行政人员为完成教学任务、提高教学质量，运用一定的原理和方法，通过一系列特有的管理行为，组织、协调、指挥和控制教学工作，以求实现教学目标的过程"。

第三种观点认为：教学管理是"学校管理者根据教学方针、教学计划、教学大纲的要求，根据教学工作的规律，运用现代科学管理的理论、方法和原则，通过计划、组织、检查、总结等管理环节，对教学的各个方面、各个要素、各个环节进行合理组合，以推动教学工作正常地、高效率地运转"。

以上三种观点都定位于学校层面，认为教学管理是学校内部的管理，可以视为狭义的教学管理。此外，也有观点认为，广义的教学管理是从宏观层面上研究教育行政部门（含教育行业协会）对各级各类学校及其他教育机构教学的组织、管理和指导。

高职院校教学管理是管理者遵循教学规律和教育方针，运用现代教学理论和科学管理方法与技术，通过决策、计划、组织、监督、服务、参谋和创新等具体管理职能，使教学活动达到既定目标的活动过程，涉及高职院校的领导与决策、资源与管理、人员与培训等诸多方面。高水平的教学管理能促进教学改革，提高教学水平，保证教学质量，增进教学效益，是实现人才培养目标的重要保证。

二、教学管理的基本要素

高职院校教学管理包含教学管理主体、教学管理客体、教学管理目标和教学管理手段四大基本要素。

（一）教学管理主体

由于高职院校教学管理活动的多样性、多层性与多环节性，因此，教学管理主体并不是单一的，而是一个十分复杂的体系。按层次的不同，教学管理活动可分为以课程为单位的教学管理活动、以专业为单位的教学管理活动和以学校为单位的综合性、整体性教学活动。以课程为单位的教学管理主体包括教师、教研室主任和学生。教师是直接的管理者，教研室主任是间接的管理者，学生既是被管理者，又是自我管理者。以专业为单位的教学管理主体是二级学院院长（系部主任）、分管教学副主任（副院长）及教学秘书等辅助管理人员。以学校为单位的综合性、整体性教学管理主体是院长、分管院长及其教学职能部门管理人员。还有一类教学管理者组织必须提及，就是班委会、学生会与各种学生社团组织。因为学生的大量学习活动是在课堂外自主完成的，所以班委会、学生会、学生社团组织在教学管理中的作用不容忽视。

（二）教学管理客体

教学管理客体即教学管理对象或教学管理内容，教学管理的对象就是教学活动。首先，教学活动是教师教的活动与学生学的活动的综合，因此，教学管理既包括对教师教的管理，也包括对学生学的管理。因为对教师教的管理不等于对教师的管理，因为对教师的管理，除对教师教的管理外，还包括对教师的人事管理、培训的管理等。同样，对学生学的管理不等于对学生的管理，对学生的管理除对学生学的管理外，还包括对学生思想的管理、生活的管理、安全的管理、社团活动的管理等。其次，教学活动的进行有赖于教学设施与设备、教学软件课件、教学网络与数据资料、教学日常运作经费等种种教学资源的投入，因此，教学管理既包括对教学设施与设备、教学软件与课件的管理，也包括对网络教学、数据库、教学日常运作经费的管理等。再次，教学活动是专业教学计划制订、课程建设、教材建设、备课、授课、课外辅导、批改作业、考核、实践教学等多个环节的相继展开，因此，教学管理既包括对专业教学计划、课程建设、教材建设的管理，也包括对备课、授课、辅导、考核、实践教学的管理。此外，教学活动是以课程为单位的教学活动、以专业为单位的教学活动、以学校为单位的教学活动等多个层面教学活动的统一。教学管理既包括课程层面、教研室层面的教学管理，也包括二级学院（系部）层面、学校层面的教学管理。还有一点需要指出，富有成效的教学活动，不是诸多要素的简单拼凑、各个环节的机械连接与不同层面的硬性堆砌，而是各种要素、各个环节与各个层面的相互耦合与相互协调，因此，教学管理既包括教学资源配置与教学环节组织的管理，也包括教学管理权限的分配管理。

（三）教学管理目标

教学管理目标即教学管理者进行教学管理活动要实现的预期目的的外化，决定着教学管理行为的基本方向，也为教学管理活动成效或成果的评价预设了一个参照系或价值判断体系。离开教学管理目标，任何教学管理活动都会变得盲目，失去存在的意义。对于教学管理目标，可以从不同的角度予以考察。从活动的结构上看，有教学管理的子目标与总目标之分，是一个在总目标统驭下的诸多子目标相互关联、有机结合的体系；从教学管理活动过程上看，有教学管理的阶段目标与最终目标、短期目标与长期目标之分，是服从于最终目标、长期目标的诸个阶段目标、短期目标前后相继的体系；从教学管理活动的层次上看，有教学管理的宏观目标与微观目标之分，是从属于宏观目标的各个微观目标的相互协调、有机整合的体系；从教学管理活动的相互关系上看，有教学管理的主目标与辅目标之分，是一个以主目标为中心，诸多辅目标与之配合协调的体系。

（四）教学管理手段

在预定的教学管理目标的导引下，教学管理主体作用于教学管理客体行为通常不是直接发生的，而是借助于种种手段间接发生的，因此，可将这些手段、工具大致归为三大类：一是收集、整理、分析、存储、传递教学与教学管理信息的手段；二是制度性手段；三是激励与惩戒手段。

第二节　高职院校教学管理的地位与任务

一、教学管理的地位

（一）教学管理是高职院校各项管理中最活跃的主导因素

教学活动是高职院校最本质、最经常的活动，各级各类学校都以教学工作为主体，教学是学校的中心工作，因此，对高职院校教学系统来说，教学管理与其他各项管理相比，具有特别重要的地位。教学管理的作用在于以其为主导，规定和协调着其他管理活动的进行。例如，学校的行政管理、资产管理、师资队伍管理、学生社团活动安排等，都要根据教学管理和教学任务的进展情况协调进行。

（二）教学管理是高职院校基本特征的生动体现

高职院校通过教学活动培养社会主义现代化建设所需要的高素质技术技能人才。具体说来，高职院校有明确的教育教学目标、教学内容和固定的教育组织形式、有必需的仪器设备、有专门从事教育工作的教育者和相应的教育对象。这些是高职院校教学管理的基础和条件，只有通过教学管理，这些特点才能科学地有机结合，高职院校人才培养的职能才得以体现。若没有教学管理，高职院校也就失去了其特征和职能。

（三）教学管理是高职院校提高教学质量的基本保证

教学质量是学校得以存在的价值标准，教学质量问题直接影响高职院校的社会效益和声誉。决定教学质量的因素是多方面的，但教学管理是最基本、最重要的因素之一，其他条件都很好，如果教学管理跟不上，有利的因素和条件得不到发挥，教学质量同样难以提高。即使其他条件差一些，如果教学管理科学、有力，各方面和积极性发挥得好，那么教学质量也有可能提高。

（四）教学管理是协调"教"和"学"之间关系的重要手段

在教学过程中，教育目标的统一性和教学效果的不确定性之间时刻存在矛盾。若要解决好这个矛盾，必须加强教学管理。教学管理可以随时协调和控制教学过程各个阶段、各个环节中教和学的关系，使学生的学习较顺利地达到各个阶段的目标，从而最终成为符合质量标准的人才。

二、教学管理的任务

自从有了学校教育就产生了学校的教学管理，人们对教学管理规律性的认识是随着社会生产的发展和学校教育的变革而逐步发展完善的。随着办学规模的扩大和学校教学内容的丰富，教学管理活动日益复杂，教学管理的任务不再局限于维持教学秩序、编排学校课表、确定几门课程等单项活动，而是逐渐趋向于对教学计划、教学内容、教学质量、教学方法、教材建设等进行全方位统筹并实施系统化管理。

高职院校教学管理的任务在于管理主体根据党和国家的教育方针和政策。依据高等职业教育教学过程的规律与特点去组织、协调、控制教学过程中的人力、物力、财力、时间与信息，建立正常的、相对稳定的教学秩序，保持教学过程的畅通，可以使整个教学过程达到协调化、高效率与最优化，以培养适应生产、建设、管理、服务第一线需要的德智体美劳全面发展的高素质技术技能人才。其内容主要包括以下几方面：①研究高技能人才的培养规律和管理规律，提高教学管理水平；②调动教师和学生教与学的积极性、主动性和创造性；③建立稳定的教学秩序，保证教学工作的正常运行；④研究并组织实施教学改革和教学基本建设；⑤建立和完善教学管理的各项规章制度，制定对各个教学环节的规范化要求，把严格管理贯穿于人才培养的过程；⑥积极探索多样化考试方式方法，改革和完善考试制度；⑦坚持"以评促建、重在建设"的原则，组织开展教学评估工作；⑧加强教学管理队伍建设和教学管理手段建设，建立和完善教学管理信息系统，促进教学管理工作的科学化、现代化；⑨研究建立充满生机和活力的教学运行机制，形成特色，提高教学质量。

第三节　高职院校教学管理的原则与规律

一、教学管理原则

高职院校教学管理原则是教学管理活动必须遵循的规则和要求。实践证明，只有在正确的原则指导下，教学管理才能有效进行。教学管理的基本原则主要有以下四方面：

（一）遵循教学规律原则

教学规律是教学过程中教与学的本质联系，是教与学发展变化的内在必然性，集中反映在教学双边活动的全过程中，在教师有目的、有计划的启发和指导下，学生主动积极地学习知识、掌握技能、养成素质的教学过程中，凡是本质的、经常起作用的和普遍性的联系，都具有规律性。例如，在传授知识的过程中培养学生的智力和能力；教学要循序渐进，使学生能够系统牢固地掌握知识；精选教学内容，使教学的要求与难度适应学生的接受能力；教学要坚持科学性与思想性相结合；理论联系实际，要能发挥学生的主体作用；教学要以提高人才培养质量为核心，正确处理政治与业务、基础知识与专业知识、理论与实践之间的关系；科技知识和人文知识要相互融合，使学生全面发展等。只有遵循客观规律，教学管理才能促进学生德、智、体、美、劳全面和谐地发展。

（二）坚持办学方向原则

坚持社会主义办学方向是我国高职院校人才培养的基本要求和政治保障。教学管理过程必须认真贯彻落实党的教育方针和政策。党和国家的教育方针政策是依据我国政治、经济、社会发展的客观要求制定的。高职院校的教育教学活动，为实现高职教育人才培养目标，为社会主义建设事业培养适应生产、建设、管理、服务第一线需要的高素质技术技能人才；高职院校的教育教学活动必须遵循高职院校职能的规定，使学生在政治思想、专业知识和职业素质等方面全面发展，成为合格人才。

（三）强化效益效率原则

现代企业管理讲求"管理出效益"。教学管理应怎样才能使管理出质量、出效益？必须科学组织、合理协调教学系统内部及外部的关系，最有效地发挥高职院校内外教学资源的作用，以取得最佳的教学效果；从高职院校的实际出发，充分利用人、财、物、信息等资源，最大限度地发挥其效能，具体到教学的每个环节、每个阶段、每项工作，都必须有具体的要求和明确的标准。这样才能实现教学管理的高质量、高效率、高效益。

（四）落实民主管理原则

搞好教学管理必须体现以人为本的管理思想，实行民主管理。高职院校的教学过程是以教师为主导、以学生为主体的活动过程。教师和学生处于教学第一线，他们最了解教学情况，对教学工作最有发言权。只有充分发挥民主，让他们发表意见，并认真听取、尊重他们的意见，才能真正搞好教学管理工作，同时，教学工作及学校各部门、各单位，还必须充分发动全校其他成员积极关心、配合和参与教学管理，使教学管理形成一种合力。事实证明，形成了合力的管理是最有效的。当然，实行民主管理的同时，还必须加强集中统一、科学决策。民主是科学决策的基础。

二、教学管理规律

总结经验，研究规律，是加强管理的根本途径。教学管理工作，一方面，必须符合教学规律，与教学工作相适应；另一方面，作为一种上层建筑，又有它自己的规律性和相对的独立性。教学管理的规律性主要体现在以下三方面：

（一）系统性

教学管理的系统性是指教学管理工作构成的系统，要以最低的费用、最少的人力、最短的时间达到最高的效益——培养出尽可能多的合格人才。

教学管理的系统性具体表现在要把教与学双方作为一个有机的整体，以规定的教学质量标准和人才培养需求为目标，在教学过程中对双方进行及时有效的调节，使之互相适应。协调组织好教与学两条线的融合与互动，发挥整体效应，使之对学生的成长、成才发挥整体优势。

同时，教学管理系统又是院校管理这个母系统中的一个子系统。它的工作不能离开高职院校中的其他子系统，如行政管理系统、思想管理系统、保障管理系统等。这些子系统共同构成了高职院校管理这个母系统，因此，教学管理工作一方面是"自成系统"，要在自己的子系统内达到优化；另一方面还要得到其他子系统的支持，使整个高职院校成为一个管理体制合理、功能协调、效益高的系统。

（二）周期性

教学和教学管理工作是一种周期性很强的工作。上至学校领导，下至每个具体的教学管理工作者，都在周而复始地进行一期接一期的工作。周期有长有短，最长是学制周期，还有学年、学期、课程的周期等。周期性工作的最大特点是规律性强。若教学管理工作者掌握了每个工作周期的特点和内容，则可以有步骤地总结经验、提高效率，不断推动教学管理工作前进。

周期性工作也要注意不断汲取环境信息，防止因循守旧，故步自封。尤其要注意职业教育发展不同历史时期的特点，总结经验教训，不断改革创新。例如，高职教育发展进入新时代后，就应该认真总结借鉴国内外高职院校教育管理的成功经验，结合我国实际，建立有中国特色和本校实际特点及历史沿革的教学管理模式。

（三）适应性

教学管理的主要对象——教与学双方——都是有主观意志的活动主体，

因此，教学管理工作必须充分考虑这个特点，适应各种随机性和规律性的变化。

适应性表现在加强针对性。无论是制订教学计划或是教学实施，都不能脱离各个时期的教与学对象的具体情况，因此，确定教学起点、制订教学计划等，都是教学管理中必须经常认真对待的问题。

适应性还表现在工作预见性上。要使学生既能学到坚实的文化基础和职业技能，又能及时了解一些当时的重要科技发展动态，使学生到工作岗位后，不仅能胜任当前的工作，而且具备下一步发展的基础条件，以适应高职学生可持续发展的需求，既立足现实，又放眼未来，使培养出来的学生能够跟上时代前进的步伐。

第四节　高职院校教学管理的特点与内容

一、教学管理的特点

由于高职教育人才培养目标的特征，因此，其教学管理呈现出以下三个特点：

（一）综合性

由于教学多层次、多形式，高职教育的教学活动呈现出多样性和复杂性，学校人力、物力、财力的有效组织和调配等都决定了高职院校教学管理的综合性。与普通本科高校的教学管理相比，我们会发现，虽然二者具有共性，但也存在着差异性。如普通本科高校的管理也具备综合性，但是其综合性有一个很重要的方面就是学科的综合，因此，教学管理必须十分关注适应当今学科综合的大趋势。

（二）连续性

在高职教育的整个教学过程中，学生知识的获取、能力的发展和素质的养成，都是渐进积累的过程，因此，与之相对应的教学过程也具有连续性，由此决定了教学管理具有连续性特点。

（三）系统性

高职教育教学管理系统是教与学双方构成的一个有机整体，教学过程对双方进行及时有效地调节，使之互相适应。在组织上，高职院校实际上存在着教和学两条线，教学管理的任务是教与学结合，真正实现良性互动。

二、教学管理的内容

教学管理包括教学组织系统管理、教学计划管理、教学质量管理、教学过程管理、教学档案管理等方面。教学管理水平直接影响人才培养质量，直接影响人才培养目标的实现。高水平的教学管理有利于引导教师全面地了解教学工作的目的与内容，正确地处理教与学的关系，能够更好地担负起教书育人的重任，有利于维护教学秩序，有利于专业建设与改革和专业群的发展，有利于人才培养目标的最终实现。

（一）教学组织系统管理

高职院校教学组织系统大至学校教学工作委员会，小至教研室和教师个体，职能是直接对教学进行计划、决策、运行、协调、控制。各个组织层面担负不同的职责。例如，教学工作委员会是教学工作的总策划和总协调，教研室担负某一专业（或课程）建设的具体实施任务，包括制订与实施人才培养方案、组织教学实施、开展教学评价等，而教师则是教学实施的具体组织者。高职院校的教学管理应指导教学组织系统树立正确的高职教育教学观，及时了解行业人才需求趋势，做出科学决策，制订人才培养方案，合理安排教学环节，各司其职、分工合作，将学校教学工作落到实处，使教学系统正常有序地运行，为高职教育教学管理和专业建设提供良好的组织保障。

（二）教学计划管理

教学计划是根据党和国家的教育方针和培养目标而制订的关于学校教学工作具体安排的指导性文件，包括课程设置、课程环节安排、学分要求等。它体现了学校的办学指导思想和办学宗旨，决定着学校教育、教学内容的方向和特色，是专业建设的主要依据，也是学校实现培养规格和目标的保证。

专业教学计划管理：第一，必须保证课程的设置、学分要求、理论与实践教学环节的比例安排以高素质技术技能人才培养目标为依据，防止"吃不饱"和"过于饱"的现象出现，保证教学计划的合理性；第二，根据社会经济的发展情况，顺应产业结构调整，及时对教学计划进行调整和修订，保证教学计划的先进性和实用性；第三，不定期检查教学计划的实施情况，督促各专业建设严格按计划进行人才培养，保证教学计划的严肃性。

（三）教学质量管理

质量是教学的生命线，教学质量管理是教学管理的核心内容，包括对教学质量的检查、分析、监控、评估等内容。

1.加强教学质量检查工作

高职院校的教学质量检查工作应采取常规检查和阶段性抽查相结合、全面检查与重点检查相结合、自查与互查相结合的方式，多层次、多方位对高职教育教学工作进行鉴定和评价，及时发现问题、解决问题，优化教学过程，促进教学质量的提高。

2.建立健全教学管理质量监控和教学工作诊断与改革体系

提高课堂教学质量的同时，还应注重建立健全实践教学质量评价体系，展现高职教育的特色。

（四）教学过程管理

具体的教学过程管理包括对教师备课、教学内容、教学方法和教学环节安排的管理。规范高职院校的教学过程管理有利于根据高职教育的教学规律及产业结构调整的状况对教学过程进行指导和规范，有利于高素质技术技能人才培养目标的顺利实现。

（五）教学档案管理

教学档案是指在教学、教学研究、教学管理活动中形成的具有查考价值的、应当归档的教学文件材料，有图表、报表、照片、录音、录像、文字等多种形式，具体包括教师业务档案、学生学籍、学生成绩档案及各级各类教学规章制度文件档案等。

第五节　高职院校教学管理的问题与对策

一、教学管理中存在的问题

尽管高职院校的教学管理有各种各样的模式，但不管采用什么样的管理模式，都必须满足新时代职业教育高质量发展对高职教育教学管理的新要求。目前，高职院校的教学过程中表现出许多与新要求不相协调的情况，因此，对接产业转型升级和高职教育从规模向质量发展转变，特别是面对"双高计划"建设要求，高职院校教学管理面临着一系列矛盾，主要存在以下五方面问题：

（一）管理人员服务意识不强

"教学管理"向"为教学服务"的理念转变意识不够，许多"管理者"长期以来已经习惯于"管"而不"理"，"家长作风"根深蒂固，根本没有"管理就是服务"的意识。

高职院校教学工作的运行，犹如一部庞大的机器在运转，任何部门或一个环节，都必须严格地按要求来运行，任何细小的局部脱节，都有可能引起连锁反应，造成教学秩序的混乱。高职院校教学管理的目的就是使教学运行这部机器正常、有序、高效。教学管理各个环节本身也是互相关联，互相影响的，这一切都要求教学管理人员互相协作、互相沟通。目前，一部分教学管理人员只想着怎样使自己管理的工作不出差错，根本不了解与自己工作相联系的上一个环节和下一个环节是怎样操作、由谁来操作的。有些教学管理人员服务意识淡薄、工作效率低，不主动为与自己工作有联系的部门、管理者或服务对象提供方便或是帮助。其实，教学管理工作既是管理工作，又是服务工作，更是教育工作。教学管理人员在搞好教学管理的同时，更要以自己特定的方式教育影响学生，为全体教师和学生及其他教学管理人员提供方便与服务。

（二）教学管理行政机构和制度不成熟

高职院校教学管理机构大多是参照传统普通高校教学管理机构建制，机构繁杂，对教学过程管得过多、过细，大多情况下却烦劳功微，办事效率低，而且基层教研室的教学管理人员缺乏。

进入新时代后，高职教育教学改革、研究任务更加繁重，需要二级学院和教研室教学管理人员充分了解本专业市场需求和发展方向，掌握一定的教学管理方法，积极组织本单位教师参与教学改革、教学研究并积极加以实施。如果教学改革只是行政指令，统一格式地实行，必然无法形成各专业特色。只有加强二级学院和教研室教学管理力量，配合以相应的制度予以保证，才能有效进行教学改革和教学研究工作。

此外，我国高职院校教学管理制度不健全，教学质量评价标准不完善，教学质量保障监督机制不规范，教学管理过程的工作程序不清、职责不明，教学事故的认定和处罚制度不科学，用人、分配、奖励制度不匹配等，亟须建立适合高职院校高质量可持续发展的教学管理制度。

（三）专业培养目标定位不确定

高职院校教学计划中的培养目标应该是生产一线的技术人员和管理人员，应具有较强应变能力、不断掌握新技术，适应职业流动的需要。"现在，国际职业教育都非常注重职业教育的普通化，一方面，加强普通文化知识的教育、防止过早专业化；另一方面，加强职业基础知识、基本技能、基本能力的全面职业素质的综合训练，为某一两门专业技术的训练打下深厚的基础"。与此同时，专业培养目标的确定对学生个性的发展重视不够，许多专业培养目标均未提培养学生的人格或发展学生的个性。若培养目标只提全面发展而不提个性发展，则容易导致教育教学工作只从社会本位的角度考虑问题而无视学生自身的需要，最终不利于学生的全面发展。一方面，高职教育是要帮助未来的劳动者发挥其自身所蕴藏的职业潜能，即实现职业个性化和专业化；另一方面，就是培养他们具有一种职业道德境界，将人类的真善美内化为职业素质。只有这样，学生才能真正全面发展，进而推动社会的进步。

（四）课程结构和教学内容改革滞后

新科技、新技术、新信息向现实生产力的转化越来越快。人们仅把照相技术原理付诸实践就花了 112 年，新技术革命兴起初期，晶体管技术的推广用了 3 年，而目前一项新技术从发明到应用于生产往往只需要几个月。知识经济时代产业结构迅速转换。

现阶段，我国高职院校课程设置的问题主要表现在：一是以学科内容为中心组织教学内容；二是专业技能训练面过窄，导致毕业生择业面窄；三是终结教育，毕业生缺乏继续学习的基础；四是不能及时调整强化方向，难以适应人才市场需求变化；五是不能及时更新内容，难以适应新技术、新工艺、新规范、新要求等产业发展态势；六是缺乏选课机制，影响学生个性发展；七是把负有提高国民素质任务的职业学校教育混同于短期职业培训；八是缺乏职业指导、创业教育和创新能力培养等方面的内容。

课程是一个动态的社会现象，每逢社会和生产力发生重大变革之时，其都会有质的飞跃。课程结构要实施综合化、模块化，建立"多元整合"课程观；课程内容要采取知识、能力、素质三要素多重、多种组合的综合化策略；课程实施采用弹性选课制、学分制，实现专业培养目标。

（五）教学管理文件不规范

截至 2019 年年底，全国高职（专科）院校共计 1 423 所，在校生人数 1 280 多万。我国高职教育发展速度快，规模大，办学方式多种多样，但教学管理方面还没有形成规范化的教学管理体系和质量管理评价体系，也没有标准化的高职教学管理经验，因此，各高职院校为了突出自己的办学特色，其教学管理体系和制度建设呈现多样性。此外，各高职院校为迎接上一级主管部门教学质量的检查和评估，需要制订一系列相应的教学文件，从而导致教学管理文件的临时性而缺乏系统性、规范性和连续性。

二、教学管理的对策

《国家职业教育改革实施方案》中指出："职业教育与普通教育是两种不同教育类型，具有同等重要地位。"随着我国进入新的发展阶段，产业升级和经济结构调整不断加快，各行各业对技术技能人才的需求越来越紧迫，职业教育的重要地位和作用越来越凸显。根据我国高职教育发展的实际情况，为进一步促进我国高职教育的发展并提高教学管理水平，应从以下五方面努力：

（一）强化分级教学管理

教学管理关键在二级学院（系、部），重心在专业教研室。教学计划的主要实施者是教师，教师是达到教学目的的根本保证，而教师的教学活动最基本的组织是专业（教研室），因此，专业（教研室）是教学管理的实体性组织，应将教学管理的重心下移至专业（教研室），使其处于教学管理的中心地位，成为教学管理的主体。这样，不仅可以使每位教师参与学校的教学管理，而且也能充分发挥每位教师的主动性、积极性，增强教师的主体意识和责任感，使学院的办学方向、目标能具体落实到每个教学环节和教学单元中。二级学院（系、部）的教学管理重点在于处理日常教学事务，组织、监督各教学环节的落实。院级教学管理重点在于制定相关的政策及规章制度，对一些重要教学环节提出指导性意见，履行组织协调、参谋、监督、管理、服务等职能。这种分级教学管理更能适合高职教育的特点，也可以满足高职教育的教学要求。若重心倒置，二级学院（系、部）及专业（教研室）总是围着教务处转，疲于应付，教师被局限于各种各样的条条框框，不能从管理方面去创新，则会影响教学质量的提高。

（二）加强高职教学管理队伍建设

根据我国高职院校教学管理人员的现状，一是学校教学主管部门可结合自身的工作特点，利用学校的有利条件，聘请校内外有关专家，采取集中短期培训方式，有步骤、有计划、有组织地对现有院、系级教学管理人员进行培训。二是在可能的条件下，相关部门适当组织院、系教学管理人员分期分批到校外参观、学习，与兄弟院校交流经验和体会，开阔视野。三是鼓励教师和教学管理人员开展教学管理的研究并抓好教学管理研究成果的评奖工作，给予获奖者一定的表彰和奖励。四是鼓励现有教学管理人员参加各种在职学习，以提高教学管理人员整体的文化素质。五是根据高职院校教学管理工作的需要，引进既具有大学教育专业又具有较高计算机与网络技术的人才充实教学管理队伍。通过各种方式的学习，他们可以具有现代意识和开拓创新精神，有助于逐步提高高职院校教学管理队伍的整体水平和科学管理能力。

（三）提倡高职教学管理的"五化"

高职教学管理的"五化"即"教学管理的民主化、科学化、程序化、制度化及规范化"。教学管理工作具有一定的规律性、有序性和时效性。面对成千上万的学生和教师，教学管理工作必须规范化，而科学、程序、制度是规范的前提，科学化的管理制度、决策与程序化的工作方法若不被人理解、接受与实施，可能只是一纸空文，而通过民主程序制定的规章制度和形成的决策，既能保证其科学性和可操作性，又能容易被人理解、接受，成为人自觉行动的指南。因此，任何制度和决策在公布实施前都应该交执行者与遵守者民主讨论。教学管理工作逐渐规范化后，教学管理的许多工作都应绘制成工作流程图，师生按照流程图办理相关事务可以大大提高教学管理工作的效率。

（四）加强教学管理信息化建设

教学管理的信息化和网络化提供了新的教学管理手段和方式，不仅能提高教学管理人员的管理水平和素质，还能减少管理层次并提高工作效率。高职院校若要加强智慧校园建设，则应通过数字校园来实现大数据管理，更为重要的是扩大教学管理的信息资源，缩短与学校其他管理部门之间的时空距离，使教学管理更加开放，从而使其更能满足高职教学改革的要求。

（五）实行灵活与多样化的管理

为解决稳定常规教学秩序与高职教学改革的矛盾，高职院校的教学管理应具有适应新形势变化的灵活多样性。如高职院校教学管理中各环节的组织管理，除了要保证各教学环节安排的科学、合理、有序外，还必须允许某一环节在一定的范围内可以做适当的调整。如每学期的课程表、教学进度安排，一方面，要保证其严肃性和相对的稳定性；另一方面，应允许适当调课以使教学需要与实践教学基地的具体情况相一致；考试管理中实践教学部分的考试主要由任课教师根据课程特点确定考试方式、考试内容并组织考试（时间、地点及参与考评的教师）等。这一切都需要高职院校教学管理具有一定的灵活性和多样性。

第四章　高等职业教育教学质量与质量标准

质量是学校的生命。保证质量，提高质量，是学校发展的永恒主题。当今世界，社会、经济的竞争，归根结底是科学技术的竞争。科学技术竞争的关键是人才，人才的关键是教育，教育的关键在质量。人才培养质量和学校教学质量已成为世界各国关注的一个焦点。面对新的形势，高职教育应树立什么样的质量观念，按照什么样的质量标准培养人才，如何保证和提高教学质量，已成为摆在我们面前的重要课题。本章论述教学质量和教学质量标准，以期为高职教育教学质量管理的理论研究和实践探索奠定基础。

第一节　教学质量的相关概念

在高职教育中实施教学质量管理，首先要弄清楚教学质量的概念。但是由于对"什么是教学质量"的问题至今没有一个比较统一、明确的概念，所以目前对教学质量的解说也是众说纷纭，究其原因，主要是教学质量的概念、内涵远比我们所分析、理解的要复杂。下面我们在阐述"教学"和"质量"两个概念的基础上来分析什么是教学质量。

一、教学的定义及特征

提到教学质量，有必要解释一下什么是教学。教学是诸多因素相互作用的活动，是由教师的教、学生的学，以及教学内容、教学方法、教学管理、教学保障等众多因素在一定的时空环境内综合作用的复杂活动。根据人在活动中的突出地位，教学可以认为是"教"与"学"双方共同组成的一种双边活动，是教师按照确定的教学目的，有计划、有组织、系统地引导学生学习知识与技能，培养智力和能力，提高综合素质，促进全面发展的一种教育活动。

（一）教学的基本含义

在中国古代，"教"有"教授、教诲、教化、教训、告诫、令使等含义"。许慎在《说文解字》中写道："教，上所施，下所效也。"深入分析，其"施"，就是操作、演示，即传授占龟卜；其"效"，就是模仿、仿效，即学习占卜和龟卜。后来，人们过于强调"施"，以"施"支配"效"，突出了"教"的"传授"的含义。在欧美，教在英语中为"teaching"，它的含义是"讲授"和"教导"。所以在中外，"教"的基本含义是一致的，即"传授""教导"和"教授"。而"学"字，无论在中文还是在英文中，基本含义均为"学习"。

在西方，从古到今，人们先是格外强调"教授"，后又走向反面，格外强调"学习"，继而两方面都强调，于是提"教与学"（teaching and learning）；20世纪，人们格外重视教学过程中教师的引导作用，强调教与学的有机统一，更多地用"instruction"来指称"教学活动"。我国古代长期过分强调"教"的传授作用，只提"教授"不提"学习"。20世纪初叶，陶行知先生留美回国后大力提倡改"教授"的提法为"教学"的提法。

考察古今中外，教学的基本含义是指教师把知识、技能传授给学生的过程。

（二）教学的定义

在中国古代，早就把教学看作是根据特定的教育目的培养人才的主要形式或途径，重视教学的作用；同时对教学的实质进行了探究，获得了不少深刻的见解。王夫之提出，学是学教师所教的东西，教是教人学习；教者要就学者原有基础不断扩大他的知识领域，学者要根据教者的引导积极思考，独立探索事物的由来。

在西方，资本主义兴起后，自然科学和技术知识进入学校成为教学内容，并要求提高培养人才的速度和效果，因而人们就特别重视教学，重视对传授和学习知识、技能、技巧的过程和方法的研究。至今已形成了四种比较有代表性的看法："教学就是传授知识或技能"；"教学即成功"；"教学是有意进行的活动"；"教学是规范性行为"。

在我国，现在人们对教学的看法由于角度不同，突出点不同，有比较大的差异，从而存在多种定义，有代表性的为："所谓教学，乃是教师教、学生学的统一活动；在这个活动中，学生掌握一定的知识和技能，同时身心获得一定的发展，形成一定的思想品德。""'教学'就是指教的人指导学的人进行学习的活动。进一步说，指的是教和学相结合或相统一的活动。"教学是"教师的教与学生的学的共同活动。学生在教师有目的有计划的指导下，积极主动地掌握系统的文化科学基础知识和基本技能，发展能力，增强体质，并形成一定的思想品德"。

教学与教育两个概念既相联系又相区别。教育指一切培养人的活动。广义的教学所指与教育一词的含义没有什么区别。但是在狭义上，教学专指学校里教师组织引导学生学习的活动，只是教育的一部分，是学校教育的主要途径，已经从教育概念中分化了出来。

人们往往把教学和智育两个概念混同起来，其实教学与智育是两个既有联系但又不同的概念。智育是指向受教育者传授系统的文化科学知识和技能，专门发展受教育者智力的教育活动。教学是智育的一条主要途径，但并不等同于智育。讲教学，突出的是它是一种特殊的教育活动；而讲智育，突出的是它是教育的一个重要方面。

在广义上，"教学"有两个最基本的要点：一是教学活动是由教师教和学生学组成的有计划的活动。虽然有时"教"与"学"不是同时发生的，但它们之间一定有关联，那就是学生的学是由教师的教引起的。二是教学活动的最根本的目的是促进学生身心全面发展。因此，这里将"教学"定义为：教学是为促进学生身心发展，在教师与学生之间所进行的有目的、有计划、正式的交流活动。这一定义包含了广义教学的思想，对教学内容和教学形式有较大的包容性；它既包括知识教学，也包括以经验为内容的教学；既包括课堂教学，也包括小组活动、个别教学等其他形式的教学。它反映了"教"的方式和"学"的方式的多样性，并把教与学的关系反映在师生间有意义的交流中。

从狭义上，我们所说的教学就是学校教学，是专指学校中教师引导学生一起进行的，以特定文化为对象的教与学相统一的活动。在指称范围上，教学是特指各级各类和各种形式学校中的教学，一般在家庭中和社会上不用"教学"而用"教育"；另外，教师在教学活动中的角色是组织引导者，已不是传统意义上的"主宰者"，这是当代的新观念；同时，教学既不仅仅是"教"，也不仅仅是"学"，而是教与学的统一，教融于学中，而学有教的组织引导。发展到今天，教学概念含括了教师的教授、学生的学习与师生的互动教学。

（三）教学的特征

教学作为学校教育的基本途径，其有别于其他教育活动的显著特征是目的性、主体性和高效率。

1.以发展为本的教学是以促进学生身心全面发展为其直接目的和最高目的的。

可以说，促进学生发展是所有教育活动的共同目标，但教学活动的自的性更强，更直接。虽然教师教的行为较为广泛，但任何教学活动都是教师有目的地引起学生的学习。学生学习的内容包括知识、技能、态度、行为，而教师教的目的就是促进学生的发展。教师不仅在教学活动开始就表明活动的目的，而且其活动过程本身就是实现目的的过程，活动结束又以目的为标准来评价教学活动。尽管学校其他教育活动的最终目的也是促进学生发展，但有各自的特点，如有的是以潜移默化的影响方式为主，有的突出其趣味性，都不如教学的目的直接、明确。

2.教学是主体之间的活动，是由两类不同主体的不同活动构成的复合活动。

教学活动中，教师与学生的关系是主体与主体的关系。他们之间具有互主体性和差异性。前者要求在教学中要充分认识到主体之间的平等互信，相互承认其主体性。后者则要求看到他们在知识、经验、态度、情感等方面都存在差异，积极促进他们在教学活动中相互作用，相互交流，相互激发。应该说，只有充分发挥他们各自的主体性，才有可能产生"好的教学"。

3. 教学的高效率是教学的重要特征。

不仅知识教学的高效率被人们反复论证过，而且以直接经验为内容的教学同样具有高效率的特点，如在角色扮演活动中学生在短时间内体验不同人物的不同情感；在探究活动中，可以最有效地培养学生的探究能力、解决问题的能力。人们研究教学模式、教学策略，就是为了进一步提高教学的效率。今天，"有效教学"的观念已被人们广泛接受，说明人们越来越重视教学的效率，而我国课堂教学改革的目标之一就是提高课堂教学的效率。

（四）教学的地位和作用

在学校教育里，教学处于中心地位。一个学校的教育途径是多种多样的，概括起来有：教学活动、体育活动、劳动、社会活动、党团活动和社群活动等，无论从时间、空间还是设施看，全都主要为教学所占据，这是教学所具有的中心地位的客观体现。从工作类型看，学校的工作一般分为教学工作、学生工作、党务工作、行政工作和后勤工作等，后三种工作都是为教学工作和学生工作服务的，而学生工作也应该是围绕着教学目标，服务于教学工作的，这就从活动实施上保证了教学工作是学校工作的中心。从活动目的看，教育的目的是促进学生德、智、体、美等全面发展，教学的直接目的也是学生的德、智、体、美等全面发展，与教育目的直接同一，学校的其他活动的直接目的则只是单方面的，这也决定了教学处于中心地位。

教学的地位之所以如此重要，主要是因为教学的作用巨大而全面。从教育目的看，教学的作用主要表现在四个方面：促进学生思想品德的形成和发展；促进学生智力的形成和发展；促进学生身体素质的形成和发展；促进学生审美情感和审美能力的形成和发展。

二、质量的概念

要准确地说明"质量"的含义，需要进行深入的研究。然而，在一般意义上说，质量就是指"产品或服务的好差、优劣程度"。人们一般就是在这一意义下广泛使用"质量"一词的，还往往在质量一词的前面加上限制词，使其指向更为明确、意义表达更为具体。

实际上，质量是一个具有丰富内涵的多侧面的概念，人们可以从不同的视角进行审视、开掘、探究以求达到深层的理解。例如，人们可以从产品和服务的市场需求角度、可以从企业生产经营角度、可以从技术工艺角度、可以从管理机制角度对质量进行多层面的剖析进而揭示其内涵。质量的一个重要特性是质量的含义具有与时俱进的特性。也就是说，随着生产发展和社会进步，质量的含义不可能凝固不变，而是随时代进步不断丰富内涵、扩展外延、调整表述进而永葆时代气息。质量概念的发展可以分为三个阶段。

1. 符合标准质量

符合标准的质量观是以技术标准作为产品规格要求的，评价质量是以符合技术规范和规格要求作为标准的。例如，对各种产品可以设定尺寸、纯度、硬度、强度、外观和性能等不同的规格要求，以此来衡量一个产品合格与否。

与这种质量观念相适应的是，在产品生产阶段可以应用规格符合性来检验一个个产品是否合格。而随着生产规模的不断扩大，产品必须进行抽样检验，于是抽样方案设计方法也成为一种重要的工具，这一阶段是统计质量控制的起始时期，处于 20 世纪的 40 年代。到了 50 年代，人们对符合标准又有了新的认识，质量标准不应是人为无目的地设置的，而应追求一种"最佳质量目标值"，这种最佳质量目标值往往和质量水平、质量成本具有相关性。所谓"最佳质量目标值"，就是质量水平和成本两者最佳平衡点的对应值。与这种观念相一致的是广泛采用实验设计、价值工程、可靠性设计和目标管理等方法。

2. 符合使用质量

符合使用质量有两个方面的递进的含义。首先，在 20 世纪 60 年代"适用性"质量的概念被提出。国际质量管理权威朱兰博士深刻地指出，对用户来说，质量就是"适用性"，而不是规格符合性，最终用户很少知道规格到底是什么，用户对质量的评价总是以到手的产品是否适用且其适用性是否持久为基础的，企业通过市场调查研究，生产适合顾客实际使用要求的产品成为这一"符合使用质量"观念的追求。这一理念是和以市场为导向的营销观念相一致的。为了提高"适用性"质量，企业必须努力改善产品和服务的"适用性"性能。这时采用的主要方法是开展 QC 小组活动、质量审核（产品审核）和零缺陷计划等。其次，人们在追求"适用性质量"提高的同时，很可能要付出高昂的代价，产品成本会大幅上升，价格也不得不随之上升，这当然是顾客所不愿看到的事实。这也促使企业追求"适用"的同时，还要追求"成本"的"适用"，这就是 70 年代追求的"符合成本"的质量观念。这时的企业不是单纯地使产品在使用期间满足顾客，而且要求产品价有所值、使用代价低廉、能源损耗较少，并且安全可靠。这时的管理方法主要有日本的 7 种 QC 统计工具、质量功能展开和田口玄一方法等等。

3. 符合需求质量

20 世纪 80 年代，日本形成了一种从"理所当然质量"向"魅力质量"进军的思潮，也即企业十分关注对顾客潜在需求的调查和研究，在此基础上，开发、研制、生产具有"魅力质量"的产品，这种产品能大幅度提高顾客的满意度，获得顾客的青睐，甚至引导消费新潮流。这时的产品向多样化拓展，产品线向两端延伸，产品附加特征向多元化辐射。这时，日本已经引入新 7 种 QC 工具并广泛使用，ISO9000 系列标准也在质量管理中实施，可持续发展等理念也被广泛接受。与可持续发展观念密切相关的"符合环保"成为广泛接受的理念，并在质量管理中得到贯彻。于是在 20 世纪 90 年代，"符合需求"的质量观丰富了是否危害人体以及污染环境的标准，追求全社会的生活质量的提高成为质量管理一个十分重要的目标。

三、教学质量的概念及特点

教学质量的概念在不同的时代、不同的时期有不同的内涵，教学质量的概念是随着时代的变化而变化，它的内涵是动态的。

（一）教学质量的概念

人类社会生活中使用的"质量"一词，在人们的生产生活中使用得最广泛，如物质生产部门有"产品质量"，服务部门有"服务质量"，学校有"教育质量"和"教学质量"等等。因此，人类活动各个方面都存在一个质量问题，教学质量关系到学校的生存与发展。

质量一般来说是指某一产品或某一事物的内在规定性，反映产品或事物（如工作）的优劣程度。高等学校也是出"产品"的单位，但与工厂企业不同，高等学校是培养人才，是生产"人才产品"。对高等学校而言，其生产过程就是教育过程，是教育人、培养人的过程，教育的核心是教学过程，其中最主要的又是教学质量。在此意义上，可以把教学质量看作是高等学校培养人才质量的最主要部分。

教学质量是指教学效果所达到的水平。它一般体现在培养出来的人才在满足社会需要方面所具备的能力和特性上，包括德、智、体、美诸方面的综合的素质与水平。它是教学过程中各个环节工作质量的结果和反映。教学质量首先表现为学生个体对社会经济、文化传统、风俗习惯、价值意识、伦理道德、法律规范等的内化质量；其次表现为教学工作质量，即对教学工作开始之前所设置的德、智、体、美、劳等各项目标的达成程度。

教学质量的标准具有一定的相对性。不同的社会历史阶段对教学质量有不同的标准和要求，例如在古代、中世纪、文艺复兴时期和 18 世纪、19 世纪等不同时期，由于社会生产力和科学技术发展水平不同，对学校所培养人才的质量提出了不同的要求，因而反映在对教学质量的标准和要求上也就不同。但是，每一时期都要求其学校所培养的人才、学校教育、教学质量应适合当时的生产力发展水平、科学技术发展趋向及统治阶级的需要。因此，可以这样说，教学质量适应社会发展的表征是高等学校所培养的人才，其质量达到社会的要求，能满足经济建设和社会发展的需要。

（二）学生质量形成的特点

学校教学质量管理与企业质量管理有相似的地方，也有不同的地方，就某些方面来说，学校教学质量管理相对于企业质量管理的难度更大。这主要是因为学校的"产品"即学生与企业生产的物质产品有根本不同之处，学生质量的形成过程也有着明显的特点。

1.学校"产品"质量是社会、家庭、学校共同作用的结果

学生质量是在一种开放的环境中形成的，在这个过程中，许多的校内外因素会自觉或不自觉地介入进来，直接或间接地影响着学生的质量。在这些因素中，除学校和教师有意识地施加影响外，还包括社会对知识价值的态度及政策表现、学生家庭的文化及道德背景、学生居住地区的经济和社会状况、学生校内外团体和伙伴的价值观念和行为表现，等等。校外的因素与校内的因素构成了复杂的互动网络，共同影响着学生质量的发展过程。学校按照国家的要求对学生施加教育，有责任对各种有利的或不利的社会因素加以微观调节，但却不可能完全控制它们。鉴于这一特点，学校质量管理就必须从系统的观点出发，在扎扎实实地做好校内基础工作的同时，竭尽全力协调好校内外各有关因素的关系，最大限度地调动积极因素，克服和抑制消极影响。

2. 学生质量是一致性与差异性的统一

对一个国家或一个地区而言，必须有一个基本的、明确而统一的社会要求，才能保证学校工作质量和学生质量。缺少科学的标准而由学校自行其是，必然会出现人才培养水平参差不齐，教育质量低劣，与高一级学校及社会各部门需要不相符合等一系列问题。况且，只有基本质量标准统一，才有利于

教职工和学生确定工作和学习的目标和操作程序。但质量基本要求的标准化,并不意味着有培养学生的绝对统一的模式,把学生培养成一模一样的人。21世纪初,有的教育家曾用科学管理的理论,试图以完全统一的教材、方法来"生产"出规格统一的人,这一主张遭到其他专家和实践工作者的反对而未能推行。这是因为学生质量形成的过程并无绝对的标准。学校的师资和物质条件以及学生的社会背景、学习经历和个人素质等一系列的差异,它们共同决定每一个学生的"质量",必然表现出自己的一定特点,而学校应鼓励和引导他们向积极方向发展,这样才能满足社会对人才规格、品种的多层次、多方面的要求,才有利于学生积极、健康性的充分发展。总之,学校的质量标准既要讲共性,又要讲个性。

3. 学生的积极性是学校教育质量保障体系的重要基础

学生不仅是学校教育工作的"毛坯"和"制成品",而且是最终成果的积极塑造者。他们在社会的影响下,一方面是教育的对象,另一方面又以主体地位影响着教师的教育行为。特别是他们接受教育的愿望大小和对个人发展目标的选择,在相当程度上决定了他们能够成为什么样的人。从发展过程的角度看,学生质量没有驻止性,不可储存,失去了前进的动力和目标的学生就必然会产生质量上的退步。因此,学校的质量管理的经常性任务就是不断设置新的激励性目标和采取多种形式的鼓励措施,有效地激发学生自我教育和自我管理的愿望与行动,这是使学生最终成为高质量的合格毕业生的重要保证。

4. 学生的深层质量具有较大的潜伏性

所谓学生的深层质量,是指学生人格发展中那些不够外显、难以衡量而对学生个人长远发展又起着重要作用的心理素质，如，学生对社会和人生的真实看法、承受困难和灾变的心理能力、社会参与倾向高低等等。在校期间这些品质常常仅在少数学生身上显现出来，而在多数人身上表现得却很模糊。在传统的教育中，这些深层质量指标并未受到足够的重视，对它们缺少有效的检查方法，培养也较为欠缺，今后需要给予更大的关注。

除了上述特点之外，教师工作和心理的某些特征也会对质量产生重大影响，比如教师工作的个体性较强，容易形成自我保护的心理和行为。

学校教育教学的质量主要是由学生质量和学校人才培养质量体现出来的，学生质量形成的特点决定了学校教学质量管理的特殊性和复杂性。在学校进行教学质量管理过程中，必须将一般的质量管理理论与学校质量管理的具体特点结合起来，才能达到较为满意的效果。

（三）教学质量的形成过程

教学质量是通过教学工作过程逐步形成的，按照全面质量管理的观点，首先，教学质量是教学工作质量的综合反映，工作质量是教学质量的保证和基础，教学工作质量如何将影响到教学质量的形成；其次，教学质量的形成与产品质量的形成类似，需要经过多道工序（或环节），其中多种因素对教学质量的形成发生影响。因此，要通过改进教学工作，提高工作质量，同时加强对教学过程中每一个环节的质量控制来提高和保证教学质量，而不是单纯靠考试和教学检查来保证教学质量。

教学质量的形成大致要经过：计划过程、教学过程、辅助工作过程和使用过程等四个环节。系统理论告诉我们；整体大于它的各个部分的总和，但这必须是一个合理的协调的功能得以发挥的系统。因而，我们必须了解教学质量形成过程中各个环节、各个要素的作用，抓好各个环节和各个要素的质量，同时，注意协调各个环节、各个要素，提高其整体性能，从而达到提高教学质量的目的。

第一，教学计划。教学计划是指导学校教学工作的基本文件。高等学校的教学计划，是培养专门人才的蓝图，也是学校组织教学和管理教学的主要依据，它决定着人才培养的目标和规格、知识和能力结构以及培养的方式方法等等。因此，计划制定的好坏，基本上确定了人才的质量规格。所以，要保证教学质量，首先要制订好教学计划。制订教学计划要根据国民经济建设和社会发展的实际需要，以及当前科学技术发展水平和发展趋势，把人才培养质量的要求具体落实到各专业的培养目标上，坚持德、智、体、美全面发展。

第二，教学过程。教学过程的质量管理，是教学质量管理的核心内容。教学过程包含教师、学生、教学内容与方法、教学环境与条件及教学管理等基本要素。如果说，制定好教学计划是保证教学质量的前提，那么，搞好教学过程的质量管理则是保证教学质量的关键。为此，①要按照教学计划规定的培养目标和各项要求，制定具体的实施方案，规定各门课程的质量要求，制定教学大纲，确定或组织编写教材和教学指导书等；②要做好各教学环节进行前的准备工作，安排好开课计划，其中首要的是选好教师，要特别注意把注重教书育人而且业务水平比较高、教学经验比较丰富的教师安排到教学第一线，保持比较强的教学阵容；③要建立健全教学质量检查制度，定期组织教学检查，了解各门课程和各个教学环节的教学效果，以及师生对教学工作的意见和要求，掌握教学效果和质量状况；④要做好考试、考查和成绩分析工作，使之成为教学质量检查和人才鉴别的重要手段。

第三，辅助工作。教学辅助系统是教学系统中的一个分支，是为教学服务的子系统，主要指为教学提供物质条件的后勤工作系统（这里指包括基本建设、设备供应、图书、总务等方面的大后勤系统）。辅助工作的质量对教学质量有着重要的影响，它是保证教学系统正常运转的基本条件。它的某一环节失调甚至可能变成影响教学质量的主要矛盾，因此一定要重视教学辅助系统的工作质量，选派得力干部担任后勤工作的领导。后勤工作要牢固树立为教学科研服务的思想，并努力提高工作质量，以保证和促进教学质量的提高。

第四，使用过程。教学质量的评价，要坚持实践检验的观点。教学质量的高低，归根结底要看培养出来的学生是否能适应社会主义现代化建设和满足社会发展的需要，看他们在实际工作中所表现出来的水平和能力如何。因此，对毕业生使用情况进行调查，了解用人单位对人才培养的要求和毕业生对工作的适应情况，从而获得教学质量的反馈信息，是一项很重要的质量管理工作。这对于掌握教学计划规定的培养目标、质量规格同实际需要之间的差距，以便适时调整教学计划，改革教学工作，克服学校教学与社会需求相脱节的现象，具有重要意义。毕业生到社会上工作了一段时间之后，他们对于学校的专业设置、课程安排、教学内容和教学方法等都有自己的体会和见解。他们的意见，是改进学校教学工作的极可贵的意见。因此，要定期对毕业生进行调查，甚至要对学生进行跟踪调查和分析，这是做好教学质量评价的重要措施，要跟踪调查学生从入学到毕业直至上岗工作以后的情况，其中能够用数字表征的要全部用数字记录下来，这样就可以得到一系列的反馈信息和数据，对这些数据进行科学处理，就可以从中得出关于教学质量的科学结论，这是质量管理的科学方法。在计算机获得广泛应用的今天，我们应当把所有有关教学质量的信息和数据存入计算机，并利用计算机进行分析，从而使得教学质量管理现代化、科学化。

以上四个环节构成了教学质量的形成过程，也是教学质量管理的过程。可以看出，教学质量管理的过程就是教学计划的制定和组织实施的过程，同物质生产部门的质量一样，也是按照计划、实施、检查、处理、再计划、实施这样的循环过程不断进行的。这是一个综合性循环，各环节紧密衔接，构成一体，每完成一次循环，质量就提高一步，如此不断反复进行，使教学质量步步上升，以适应社会发展和科技发展的需要。这是一种应用相当广泛的科学质量管理方法。但是我们在应用这一方法的时候，要特别注意精神产品与物质产品之间的差异，注意教育作为培养人的活动的特殊性，注意教学质量的特点。

（四）教学质量的特点与特性

教学质量与物质产品质量相比较，具有以下几个特点：

1.抽象性。物质产品，如工业产品类，是有形的，可看见，可摸到；根据外观可对其质量的优劣做一些评判。而教学质量是无形的，只是一种抽象的概括或描述，既看不见也摸不着，需要通过一些中介因素对其作出评价。

2.综合性。虽然物质产品也是综合运用多种科学知识、技术、工艺加工而成的，甚至有些高科技尖端产品的复杂程度令人惊讶，但相对于教学质量而言，却又显得简单多了。如上所述，教学质量形成过程中的每个环节、每个因素都有许多可变参数，很不确定。它们之间相互联系、相互制约，对教学质量发生综合作用。因而，要详细分析研究每个环节、每个因素具体的作用是一件非常困难的事。其次，物质产品的质量指标比较确定，建立生产流程以后，可以用质量指标有效地控制各工序的工作质量；而教学的对象是人，每一个人除了共性以外，还具有许多不同的特性。虽然我们也可以制定一般的教学质量指标，但在具体执行过程中会出现许多"意外"，使质量控制变得更复杂，需要随时加以处理，以保证教学过程各环节的质量。"意外"情况在物质产品生产过程中相对较少见。因此认识教学质量形成的综合性、复杂性，花大力气进行分析研究是很有必要的。

3. 滞后性。物质产品是为适应社会使用而产生的，它要及时或超前，特别是在市场经济时代，社会需求不断发展和变化，商品生产应顺应潮流，走在消费者的前面。在今天科技高度发达的信息时代，要做到这一点对于企业部门来说并不难做到。可是，教育是培养人的活动，"十年树木，百年树人"，周期较长，因而具有滞后性。另一方面，由于新的科学技术成果、社会需求反映在对人才培养规格上，反映到对教学质量的要求上，也需要一定的时间，因而教学质量具有滞后性。同时也说明，高校在进行教学质量管理时要根据社会、经济、科技发展的趋势，做适当的超前打算，以适应社会需要。

从总体上看，教学质量还具有如下特性：

（1）结构上的层次性

这一方面表现为教学质量在接受社会实践检验时所能产生的效益的高低，也就是社会化、个性化、智能化有机综合程度和所能体现出来的倾向性明显程度；另一方面表现在教学质量的直接体现者——学生的思想和行为变化上。

（2）功能上的拓展性

教学质量是具有较强动态性的网式结构。这一结构，有一个以人的个性发展为中心，按照社会发展的要求向外拓展的过程。这一拓展表现在，当教学质量接受社会检验时并不是以"一副面孔""一个模式"出现的，而是展示着多种功能作用和形态。从总体来看，就表现在社会化、个性化和智能化的程度及其相融合的水平上。

（3）形态上的发展性

教学质量是教育者按照一定的教育目的要求，在依据一定的规律进行实践时所产生的结果。随着社会经济文化的发展与变革，劳动分工越来越细，为劳动者提供的实践机会越来越多，这就将在一定程度上促进劳动方式、形态产生多样化，从而导致教学质量内在结构的变异和改组，使之由一种结构形式转变为另一种结构形式，逐步实现在提高教学质量基础上的外在要求和个体价值认识体系的融合。正是在这个意义上，我们认为学校教育者应致力于优化学生的素质结构，使其具备主动接受社会改造和创造性地变革社会的动力潜能。

还需要强调的是，教学质量与教学效率不是一码事。可以这样认为，教学质量是符合教育目的要求并使之具体化为教学活动所能操作的"方向标"；教学效率是教学质量在社会实践过程中所产生的绩效与时间、精力投入之比。两者都是教学活动所追求的理想状态，只是教学质量中凝聚的劳动成分和劳动时间不相对等，从而使教学质量有时不能等同于教学效率，但是有了教学效率则一定有教学质量。因此，我们在狠抓教学质量的同时，更应该强调提高教学效率。

（五）教学质量的意义

笼统地讲，教学质量即是学生经过一定时间的学习后所达到的水平。具体来讲，可以从以下几个方面来全面认识教学质量的意义。

1. 教学质量体现为学生的身心全面发展

学生的学业成绩并不等于教学质量，学生成绩所反映的仅仅是学生发展的一部分，即学生的认知发展部分。学生的发展，包括认知、思想品德、情感以及动作技能等多方面的发展，教学质量的概念也理应涵盖这些领域。在学校教育生活中，学生行为规范、思想品德水平、劳动观念、身体素质、创新意识、学习兴趣、学习习惯、审美能力、动手操作能力以及提出问题、分析问题与解决问题的能力等，都能够体现教学质量。

2. 教学质量体现为教师"教"的质量与学生"学"的质量的结合

在现实生活中，对教学质量的考察，往往停留在对教师"教"的质量的考察，相对忽视对学生"学"的状况的关注。教学是教与学的双方的活动，教学过程是教师教的过程和学生学的过程的有机统一。教学质量包括教师的教学工作质量和学生的学习质量。在教学质量管理过程中，应树立"教"的质量与"学"的质量相统一的教学质量观，而教师"教"的质量往往通过学生"学"的质量反映出来。因此，对学生的质量的检查与评价，往往更能反映教学质量的高下。

3. 教学质量表现为整个教学过程的质量

教师的"教"与学生的"学"往往都表现为一定的阶段性和长期性，在教学过程中的每一阶段、每一环节，都存在质量管理问题在教学管理过程中，既要关注某一阶段的教学质量，更要从某一较长的教学阶段来检验和评价教学质量，对教师的教学过程和学生的学习过程的各个环节进行质量控制，要从单纯检验教学质量的结果，转向检验教学的全过程，包括教学计划的制订、教师的备课上课、学生的辅导和考试等等，每一阶段、每一环节都要提出明确的要求，采取相应的管理措施，从而达到整体教学过程的最优化。

4. 教学质量体现为全体学生的质量

少数智优学生的质量并不能全面反映学校教学质量；全面质量观强调教学要使每一位学生都在其原有水平上得到持续不断的发展。

第二节　影响和制约教学质量的因素

教学活动是一个多因素的复杂运动过程。教学的内外部条件，教学过程的任何一个环节和阶段，都对教学质量有着重要的影响，都与人才质量息息相关。我们分析影响教学质量的因素，应从教学系统的构成和运行过程出发，分析、确定影响教学质量的基本因素，在此基础上，针对教学工作的实际，加强教学质量管理和控制。从我国高等学校的实际情况来看，影响教学质量的因素主要分为学校内部因素、宏观层因素和环境因素三个方面。

一、学校内部因素

学校内部因素，是指高等学校内部对教学质量产生影响的各种条件和工作过程因素。严格意义上讲，学校内部的一切条件和所有工作都对教学质量具有不同程度的影响。我们这里仅对其中主要的影响因素进行叙述，包括教的因素、学的因素、管理因素和保障因素四类。

（1）教的因素

教师作为教学的主体之一，在教学过程中起主导作用，是教学过程的组织者，肩负着知识传授、能力培养的重任。不仅教学的目的、内容、方式方法、进程、结果由教师的教学所决定，学生的学习动机、学习方法、学习效果及素质和能力培养，也都直接受到教师教学的影响。因此，教师的思想观念、治学态度、业务水平、教学方法和创新能力，在很大程度上影响着所培养人才的质量和效果。没有高水平的教师队伍，就不可能培养出高质量的人才，师资力量是影响教学质量的首要因素。

教的因素对教学质量的影响，突出反映在教师的教学工作中。教师的教学工作主要通过授课来进行。授课是学校教学的一个主要方式，教师通过授课引导学生获得知识，形成技能、技巧，发展智力、能力，培养学生科学的世界观和高尚的道德品质。在教学过程中，教师能否通过授课，引发学生的学习动机，激发学生积极思维，学生是否学会了教师想要传授的知识，是否推动了学生对其他知识的学习，等等，这一切的教学效果都取决于教师整体授课水平的高低。教师授课包括备课、课堂讲授、课后辅导、批改作业、指导实验和实践等环节，课堂讲授又包括教学内容、教学方法、教学手段、教学态度等各个方面。通过每个环节、各个方面的质量积累，形成整体的教学质量。所以，要提高教学质量，就必须在教师授课这个重要环节上下功夫，通过各种有效的措施，不断提高教师的整体授课水平。

（2）学的因素

学生也是教学活动的主体。教学过程以引导学生认识客体、促进学生全面发展为基本任务。教师根据大纲要求，引导学生认识客观世界，帮助学生将一定的外在的教育内容向自己主体转化、吸收、创新，形成自己的知识、智慧和能力，使学生身心得到全面发展。外因是变化的条件，内因是变化的依据，外因通过内因而起作用。学校的一切培养工作，均需要通过学生自身的努力，转化为学生的知识、素质和能力。因此，学生的原有基础、智力水平、学习态度、学习方法和学习品格，影响着教学质量。学生素质是影响教学质量的内在因素。

学的因素对教学质量的影响，充分体现在学生的学习活动和教学过程中。教学效果最终要通过学生的学习来实现。在教学过程中，学生的学习主动性，学生的思维品质，学习内容的选择，学习方法和手段的运用，学习风气等，直接影响着学生对知识的学习和掌握，是教学过程中教师授课效果和教学成败的重要影响因素。这就要求我们在教学过程中，要重视学生的学习状态和情趣，注意充分调动学生学习的主动性，使他们能生动活泼地学习，按照教学计划的培养目标，发展成为合格人才。21 世纪是学习的世纪，学会学习是知识经济时代对人才的基本要求。在学校教育中，不同层次、不同专业的学生，学习方法上有所不同，学习不同的课程，学习方法也不一样。要突出学生学习方法、学习习惯的培养，通过改进学习方法，提高学习效果和学习质量。

（3）管理因素

学校管理是影响教学质量的控制性、协调性因素。在学校教育中，管理者运用各种管理方法和手段，组织教学系统的各种资源，并通过不断的反馈、控制和协调，形成教学合力，发挥整体功效，有效地完成教学任务，保证人才培养质量。管理工作的基础在高质量的管理队伍。教学管理人员负责组织学校的整个教学工作，负责对教学全过程的管理。无论是计划的制订，还是教学过程的反馈控制，都直接影响并决定着教学质量。学校如果有一支懂得教育规律，熟悉教学业务，掌握教育教学管理理论和方法，有开拓精神和进取意识的教学管理队伍，能按照人才成长和发展的规律去实施教学过程的科学管理，学校的教学质量就能从根本上得到保障。反之，教学管理人员素质差，不能实施正确的决策和科学的管理，即使有了好的条件，也会因使用不合理、不科学，而向着相反方向转化。因此，从某种意义上讲，教学管理队伍和教学管理工作是影响教学质量的关键因素。

管理因素对教学质量的影响，体现在教学管理的全过程。学校人才培养的计划和设计过程是人才质量形成的首要环节。人才培养的计划和设计过程，主要指人才需求的社会调研，培养目标的决策，专业设置，教学计划和培养模式的确定，质量目标与质量标准的制定，质量体系的设计等环节与内容。设计过程的质量非常重要，预测不准确，设计思路不正确，目标、计划不科学，可能导致方向性的错误，就不可能培养出满足社会需要的高质量人才。可以说，设计的损失是最大的损失，设计的失误是最大的失误。实施过程是教学质量形成的关键阶段。教学实施过程管理，包括制定教学制度、教学大纲、教学进度、选定任课教师、检查教学质量等多方面的工作。它贯穿于整个教学过程，通过一系列行之有效的措施和手段，对整个教学活动起组织、指挥、督导、管理作用，对参加教学过程的各因素起协调控制作用，保证教学活动按教学计划执行，保证质量目标和质量计划的实现，从而保证人才的培养质量。如果说制定好教学计划是保证教学质量的前提的话，那么搞好教学过程的管理，则是保证教学质量的根本。

（4）保障因素

保障工作是影响教学质量的重要因素。学校保障系统包括网络信息基础设施保障、教学物资条件保障、图书资料保障、后勤保障等方面。保障系统是维护教学活动正常运转的条件，其中任何一个方面的保障发生问题，都会影响学校教学的正常运行，对教学质量的改进提高产生负面影响。网络信息基础设施包括校园信息网络、网上信息资源、网上教学应用平台系统、网上虚拟教学环境、远程教育网络等信息化基础设施，教学物资条件包括教材、教学场地、实验设备、训练设施、器材等教学保障设施，这些都是开展教学活动所必备的基础条件。随着科学技术的迅速发展，教材质量、实验和训练设备的先进性问题越来越突出，尤其是技术保障、信息保障等新的保障内容和保障方式出现，促进现代学校教学内容、教学方法、教学手段改革不断深化，对教学质量的改进和提高产生前所未有的影响。学校图书馆、各专业资料室的功能，主要是向学生教师提供知识、信息服务。由于现代教学强调自主学习，图书馆、资料室信息量大，给学生提供了丰富的知识宝库，对于启发学生兴趣，开发学生能力，拓宽学生视野，增强学生的文化素养，培养学生的思想道德、文化、知识等素质有着重要的作用。图书馆、资料室服务保障工作对人才培养的质量形成具有重要影响。后勤保障过程是"服务育人"的重要组成部分，后勤保障工作的好坏，影响到教师学生生活的稳定性、便利性，影响到学校正常教学的顺利开展。高质量的后勤工作对于解除教师的后顾之忧，完善管理中的"保障因素"有着重要的作用。因此，学校保障工作是影响教学质量的重要保证因素。

二、宏观层因素

宏观层因素，是指对高等学校教育教学质量产生影响的宏观管理因素。高等学校教育的宏观管理层，主要包括党和各级政府教育行政机构的学校主管部门。高等学校教育是在党和政府的统一领导下组织实施的，党和政府制定的教育方针、政策和制度，是学校教育教学必须遵循的法规依据，各级政府教育行政机构的组织和领导，对学校教学工作和教学质量有很大的制约作用。因此，学校教育宏观管理层是学校教学质量的重要影响因素。

宏观层的影响因素：一是高等教育的方针、政策、制度、目标和任务等，这些是高等学校组织教育教学活动、提高人才培养质量的前提。高等学校教育工作在党和政府的统一领导下进行，高等学校的教育方针，原则主要由党和政府统一制定或审定，学校的任务、体制由政府教育行政机构规定或批准，这些都是学校实施教学工作和进行教学质量管理的基本依据。学校自身的控制范围和控制能力也有局限性，许多问题需要教育宏观管理层来解决。例如，落实学校筛选制度中的某些问题，就不是一所学校所能解决的，它有待于大系统对筛选制度的完善，这是目前学生筛选制度没有严格落实的一条重要原因。因此，党和国家的方针、政策，宏观层的领导和管理因素，对学校教学质量产生很大影响。二是经费、设备等物质条件的投入，这些是学校进行基本建设、提高教学质量的物质基础。尽管在市场经济条件下，学校教育的投入出现多元化趋向，为学校的建设和发展创造了良好的物质条件。但绝大部分学校，尤其是公办学校，主要的投入还是各级政府的经费拨款，上级投入的多少，对学校的教学条件建设、专业建设、师资队伍建设以及教学、科研工作的影响很大，客观上制约着学校人才培养的质量。因此，学校教育宏观管理层对学校教学质量的改进和提高的影响是多方面的。

三、环境因素

环境因素是指学校教育系统以外对教学质量产生影响的因素。按照系统论的观点，任何系统总处在一定的系统环境中，环境对系统本身具有重要的影响。开放的系统能够与环境进行物质、能量和信息的交流，有利于系统的演化发展。学校教育系统处在一定的社会环境之中，学校教育系统的开放性，决定了社会环境因素对学校教育系统的运行和演化具有一定的影响，从而对学校教学质量产生影响。教学环境的结构和特点决定其功能。随着社会的发展，人类的生产环境日趋复杂，环境对人的影响越来越大，教学环境的作用就引起了人们的高度重视。高等职业教育教学系统本身以及系统内任何一种组织机构都处于一个不断变化的环境之中，不断与环境进行物质、能量和信息的交换，组织内部各部门和人员之间的配合、组织结构和组织机构也不断变更，使它更有效并与环境保持动态平衡。

环境因素主要包括：

社会环境因素。它是指社会的文化、宗教、观念、信仰、风俗、传统等影响氛围。学校作为社会群体中的一员，不可能成为与社会隔绝的"世外桃源"，它必须在现实的社会环境中生存和发展。近年来，随着科学技术的发展和广泛运用，市场经济大潮的冲击，人们的价值观念、思想观念发生了巨大变化，社会上形形色色的事物，对校园产生重要影响。譬如，随着计算机和网络大量进入学校，学生足不出校园，便可通过"网络"了解校园外面的信息，几秒钟内"访问"世界各地。这对于学生开阔视野、丰富知识，无疑是极为有利的。但同时也带来许多不利影响，对学校教育、安全保密、行政管理等工作产生冲击，对保证人才培养质量提出了新的要求。

以上诸因素，相互联系、相互制约、相互依赖、相互影响，构成了学校教学系统内外和教学活动过程中极其复杂的矛盾关系，制约着学校教学质量的形成和发展。就学校内部和外部的质量影响因素来说，学校内部的影响因素起决定性作用。在学校内部诸因素中，起主导作用的是教和学两大因素，起关键作用的是教学管理因素。学校教育教学质量的高低，取决于对上述诸因素及其活动过程的全面协调和有效控制。因此，对影响学校教学质量的各种因素和各方面工作必须进行全方位、全过程、全系统管理。

第三节　教学质量标准概述

在高职教育教学质量管理体系中，教学质量标准是一类重要的特殊规范。通过制定教学质量标准，明确教学质量管理工作要达到的具体要求，以便对影响教学质量的各种因素和活动过程进行控制。制定科学合理的教学质量标准，既是高职院校教学质量管理的基础，是实施教学质量保证的必要条件，也是建立健全高职院校教学质量保证体系的重要方面。制定教学质量标准是一项很复杂的工作，必须专门进行深入研究和探讨。

一、教学质量标准的概念及分类

（一）教学质量标准的概念

在人类社会科学技术发展以及工业化的进程中，有关标准及标准化的工作适应社会及其发展的需要而产生，并随着社会的发展而逐渐被大家接受和使用。对标准这个概念、从广义上讲是指衡量事物的准则或可作为准则的事物。

在 GB3935.1—1996《标准化基本术语》中把标准定义为：为在一定范围内获得最佳秩序，对活动或其结果规定共同的和重复使用的规则、指导原则或特殊的文件。从这一定义中我们可以看出：标准的本质是对重复性事物和概念所做的统一规定。

所谓质量标准，是指产品或工作必须达到的质量规格和要求，是评价和衡量产品、工作质量的一个尺度，是组织进行质量管理的基本依据。它以质量工作的长期实践经验和科学技术的发展为基础，由管理专家和技术人员运用科学的方法予以制定，并经有关管理部门批准，以特定形式发布，作为质量工作必须遵守的准则和依据。实质上，质量标准是对产品、服务、工作、生活等的质量特性作的统一规定。例如，产品的标准包括品种、规格、性能、可靠性、安全性、适应性、检测规则、包装、运输等方面的质量要求；服务的标准，包括对某项服务应该达到的服务水平以及如何达到该水平等方面的质量要求；生产过程的标准，应包括采用的设备、工艺、人员、检验、管理程序等方面的质量要求。这些质量特性的要求都是明确定义和解释的。

制定标准，进行标准化管理，是现代科学管理的重要方法，也是开展质量保证，实施全面质量管理不可缺少的方法。《现代管理百科全书》指出：没有各类标准，就无法进行管理。我国高校通用的教材《标准化概论》（第三版）认为："标准贯穿于全面质量管理的全过程。全面质量管理中的PDCA循环中的每一个阶段都离不开标准，是以标准作为依据的。"可见，现代质量管理离不开质量标准的制定与实施。

在质量保证体系中，质量标准实际上是质量目标的一种具体化。质量目标指明了质量活动的预期结果和基本方向，对质量工作有导向、激励作用。但要确保和强化这种导向和激励作用，形成对人们工作和行为有效的控制，还应将质量目标的要求具体化，制定出可衡量、可操作的具体"指标""规格"，即质量标准。质量标准既是人们进行质量活动的具体目标，又是进行质量评价和质量控制的基本依据。日本在全面质量管理中制定质量计划时，非常重视质量标准的作用，把质量标准化作为达到质量目标的基本方法，成为质量保证体系的关键要素。

按照全面质量管理的观点，学校教学质量的高低，关键要看顾客是否满意及满意的程度，但顾客满意只有在教学提供之后才能最终反映出来，而要提供有质量的教学，我们又需要在教学提供之前就知道怎样做才可能是有质量的。这种在教学提供之前就已经规定的质量标准叫做教学质量约定标准。教学质量约定标准的意义在于它能够给予学校、教师以及学校外部顾客事先的指导。我们通常所说的教学质量标准就是指的教学质量约定标准。

高职教育教学质量标准是根据学校人才培养工作的需要而制定的衡量和控制人才培养质量和工作质量的具体尺度，是高职院校教师、学生、管理人员必须遵守的活动规程、行为准则或要达到的要求，是高职院校实施教学质量保证的一种有效手段，它可以把人们的行为引向正确的方向，以保证高职教育教学及其质量管理活动的正常进行。在高职教育教学质量管理的实践中，教学质量标准起到导向、诊断、基准等作用，是连接高等教育质量理论与实践的桥梁和纽带。教学质量标准，既是高职院校教学质量保证的具体目标、要求，又是进行教学质量检查、分析、控制和评价的基本依据。

（二）教学质量标准的分类

为了保证高职院校的教学质量和人才培养质量，学校的各项教学活动及各方面工作都要有相应的质量标准，众多的质量标准构成了学校的质量标准体系。根据标准在学校人才培养中的地位和作用，高职院校的教学质量标准大体上可以分为根本标准和具体标准两个方面。

1. 根本标准

在高职教育中，人才培养目标是对专业人才培养质量的要求。人才培养目标既然是对人才培养质量的要求，也就是对教学质量的要求，是衡量教学质量优劣的根本依据。因此，衡量教学质量的根本标准，就是人才培养目标。学校在进行教学总体设计、优化和控制教学过程时，首先就是要进行人才培养目标的决策，然后在此基础上，建立优化的人才模型，制定科学的人才培养方案。人才培养目标一般在专业教学计划中予以明确。

2. 具体标准

教学质量具体标准是对各项教学和相关活动及其结果所规定的具体的质量要求，主要包括三个方面：一是培养的人才质量标准；二是形成人才质量的各种工作质量标准；三是保障和支持人才培养工作的教学建设的质量标准。

（1）人才质量标准

人才质量标准是依据人才培养目标的要求而制定的对学生进行考核和筛选的具体尺度，主要包括学生入学标准、学生考核标准、学生筛选标准三个方面。对学生的考核必须是全面的，不仅要有严格的学业成绩考核，而且还要有严格的综合素质考察，相应地也就有这些方面的考核标准。近几年来，各学校根据《高等学校学生学籍管理规定》《普通高等学校学生管理规定》等文件，制定一系列人才质量控制标准，其中主要有：一是入学新生复试标准。在严格按国家规定招生基础上，各学校普遍制定入学新生复试制度，根据专业需要，对新生的部分文化基础课和身体素质进行复试，严把新生质量关。二是学生学业成绩考核标准。对考核方式、命题规则、成绩评定、考核组织、考核纪律以及考核结果处理做出明确的规定。为了保证考核符合质量要求，许多学校对一些主要课程建立了标准化的试题库，有的学校则将一些基础课的考核纳入了本地区学校的统一考试。三是学生综合考核标准。对学生的德、智、体综合考查，包括平时、阶段性和毕业考核，对考核的标准和做法做出具体的规定。四是实行学生筛选制的实施细则。细则规定了筛选的具体标准和实施办法。

（2）工作质量标准

工作质量标准是根据人才培养目标的要求而制定的对各种工作质量进行控制的具体尺度。它主要包括以下三个方面：

第一，教学工作质量标准，由两类标准组成，是教师教的质量标准，如教师工作质量标准、教学准备工作质量标准、授课质量标准等；二是学生学的质量标准，如学生学习态度的质量标准、学习过程的质量标准、学习方法的质量标准等。

第二，管理工作质量标准，包括对管理者进行计划、组织、领导、控制等各方面工作的具体标准，如在管理控制中进行信息收集、传递、处理、反馈的质量标准等。

第三，保障工作质量标准，包括教学保障工作质量标准和其他保障工作质量标准，如工作质量标准，教材和教学设备供应工作质量标准，卫生、餐饮、后勤服务工作质量标准等。

（3）教学建设质量标准

教学建设质量标准，是依据人才培养目标和培养工作要求而制定的对教学基本建设进行评价和控制的尺度。学校人才培养质量的提高，要依靠具体的人才培养工作来实现，要依靠具体的教学、科研、管理活动来落实，而要搞好教学、科研和管理工作，离不开教学基本条件建设的支撑，因此，控制教学基本建设质量也是提高教学质量的重要保证。教学基本建设质量标准主要包括专业建设质量标准、课程建设质量标准、教学设施设备建设质量标准、实训基地建设质量标准、教师队伍建设质量标准、管理队伍建设质量标准、学风建设质量标准、管理制度建设质量标准等。这些标准对有关教学的各项基本建设工作进行质量规定。

人才质量标准、工作质量标准和教学建设质量标准这三个方面的质量标准，构成了一个比较完整的高职教育教学质量标准体系。其中，人才质量标准是"消费者"需要的集中体现，是在对学生、家长和社会需求调查、分析的基础上确定的人才"产品"的"规格"和"指标"。工作质量标准和教学建设质量标准体现学校管理者保证学校内部工作和教学建设质量的需要，是在对学校组织内长期质量工作实践和现状调查、分析的基础上确定的工作"规范"和"指标"。从当前各学校的实际情况来看，人才质量标准、教学工作质量标准相对比较完善，而管理和保障工作的质量标准、教学基本建设质量标准相对薄弱。分析其原因，主要有两个方面：一是有的教学条件建设质量标准和管理、保障工作质量标准制定的难度比较大；二是对教学质量保证或全面质量管理认识不足对"管""保"和教学基本建设的质量标准探索不够。要保证教学质量管理持续有效地开展，应进一步完善教学质量标准体系，不仅"教"和"学"要有完善的质量标准，"管""保"和教学基本建设同样也要有完善的质量标准。

二、教学质量标准的特征及特性

（一）教学质量标准的特征

一般来讲，高职教育教学质量标准应该具有四个方面特征：

1. 稳定性与发展性的统一

高职教育教学质量标准具有发展性的特征，其内涵应该随时代、社会环境各要素以及高职教育系统本身的发展而发生变化。反过来说，既然是高职教育的质量标准，那么它就应该符合高职教育的要求，达到国家、社会、受教育者对高等职业教育的期望水平，这种期望值相对于历史、社会、国家来说，具有相对稳定性。因而，高职教育教学质量标准应该是稳定性与发展性的统一。

2.基础性与多样性的统一

多样性是高等教育大众化对高职教育教学质量标准提出的要求，"但多样化不是随意化，不能没有基本的质量标准。这就是近几十年国际高等职业教育教学发展的重要经验"。多样性是对个性化的追求，基础性反映高职教育教学质量的基本办学标准、基本学业标准，两个方面不可或缺。

3.绝对性与相对性的统一

"衡量高等职业教育教学质量高低的标准应该是'价值增值'"，所谓"价值增值"是指考虑到实施高职教育前的初始水平，来衡量高职教育前后的质量增值，它其实是一种相对的质量标准。与之相对应，通常我们所说的质量标准只考虑实施高等职业教育教学后的"出口"的标准，是一种绝对的质量标准。在大众化时代建立相对性标准，有利于促进高职教育的全面协调发展。

4．事实判断与价值判断的统一

"高等职业教育教学质量标准是主体需要的反映，是主体需要的观念化的产物和结果。"但主体需要又是建立在遵循高职教育办学规律、受教育者的身心发展规律的基础之上的，它受制于一定的社会条件。因此，高职教育教学质量标准应该是事实判断与价值判断的统一。

（二）教学质量标准的特性

1.全面性与综合性

质量标准的全面性是指标准要具有充分体现各方面需求、全面指导学校各个层次和各个方面的工作的能力。标准的全面性主要表现在以下几个方面。①全面考虑学校内外顾客的需求和期望，既要追求外部顾客满意，又要实现学校及其成员自身利益，不能只强调某一些顾客，而忽视另一些顾客。②全面考虑教学全过程各个环节及其要素，不仅要有教学结果标准，如：学校的就业率，计算机、英语等级考试通过率，职业资格（技能）证书获取率，学生的学业成绩、知识掌握量、学习能力、学习态度和创造力等，也要针对学校教学输入和过程以及过程中的要素制定相应的标准。③全面考虑顾客、学校的长远需要和近期需要，不能为了眼前利益而牺牲长远利益。④标准指导作用的全面性，即标准应该具有如下能力：能够告诉学校内部人员该做什么，该如何做，该如何控制，该如何评价；能够让外部顾客知道学校在教学方面可以提供哪些具体的服务和产品，如何评价学校的教学质量等。质量标准的综合性是指标准体系是综合考虑各方面因素的系统安排。

标准的全面性并不意味着面面俱到，或越全面越好，要综合考虑，系统安排。为了实现全面性与综合性的结合，在制定标准时要注意做到以下几点。①单项标准与综合标准相结合。对有些工作，有单项标准就够了，因为能够分解出单项标准，而且单项标准都达到了，总体上也达到了。但是对于另一些工作，或者很难分解单项标准，或者整体工作并不是各单项工作的简单相加，就需要制定综合标准。更多的情况是需要单项标准和综合标准互相配合、互相对照，以确保教学质量的达成。②找关键点。意大利著名经济学家维弗里多·帕累托（VilfredoPareto），经过分析经济现象，得出结论：在一个特定的系统里，总是起关键作用的因子占少数，而不重要的因子占多数。这一规律被称为"帕累托原理"。根据帕累托原理，我们可以通过寻找关键的顾客、关键的输入、关键的过程、关键的结果来量化标准，确保标准的综合性。③工作标准与评价标准相结合。传统的教学质量管理是以评价为中心的，侧重于制定评价标准，目的是衡量和评价各部门、个人的工作质量。全面教学质量管理反对单纯依靠评价开展质量管理，主张具体指导与评价相结合，强调给予组织成员和顾客具体的指导，所以更侧重于提供工作标准。具体讲，在制定和选择标准时，要把教学规范（做什么）、教学提供规范（如何做）和控制规范（评价什么和如何评价）有机结合起来。

3. 先进性与合理性

质量标准不应仅仅是教学活动和各项工作的依据，还应该是推动学校教学和其他工作不断进步的动力源泉。教学质量标准的先进性表现在两个方面。①反映时代与教学技术方法及内容发展和更新的需要，以便推动学校教学管理实现科学化、现代化，驱动教师采用新方法，尝试新技术。同时还要反映当地教学的较高水平，使学校具有竞争力。②要有一定的难度，不能是轻而易举就能实现的，而是要"跳一跳"才能够得着。但是，先进性又要从学校的实际出发，遵循客观规律，具体来讲，有两方面：一要做到主观设想与客观条件的统一。在制定标准时，要注意把握国情、省情、市情、校情，特别要注意分析学校的能力，做到既不保守，又不冒进。不同学校的教学质量标准的要求应该有所不同，对于重点院校，标准可以更高一些，而对于一般学校标准相对可以低一些。二要做到遵循客观规律，包括教育规律、管理规律和社会发展规律。

4. 稳定性与动态性

质量标准是开展教学工作和实施教学质量管理的重要依据，具有约束性和强制性，所以标准一经制定，就要相对稳定，不能朝令夕改，否则就会使学校各部门、各成员以及外部顾客无所适从。但是，质量标准也不是一成不变的，随着社会经济的发展，顾客的需要是不断变化的，学校办学条件也会随着经济的发展而不断改善，这就要求学校要及时更新标准，使之适应变化了的情况。

三、教学质量标准的价值取向

研究高等教育教学质量标准的价值取向，可以为建立我国多样化的高等教育质量标准奠定基础。关于高等教育教学质量标准的价值取向，国内学者谢维和在"高等教育大众化的质量评估"主题报告中认为，目前有两个非常重要的基本取向：一个是根据高等教育本身的学术规范和基本价值来建立高等教育大众化的质量标准；另一个取向是在高等教育发展的过程中强调高等教育的质量应该满足劳动力市场的要求、接受客户的要求的质量标准。房剑森认为："高等教育质量应该兼顾学术性、社会需要、受教育者意愿和能力等多方面的因素。"也有的学者从学术取向、市场取向、人文取向三个方面，讨论高等教育质量标准的价值取向。在这里，概括起来可以认为，高职教育教学质量标准的价值取向有内适性取向、外适性取向、个适性取向三种，也就是通常所说的学术性取向、职业性取向和人文取向。

（一）内适性取向

所谓内适，指的是教育系统内部自己界定的自我完善的程度要求。高职教育教学的内适质量主要体现为某一课程、知识或时段的学习对后续学习所提供准备的充分程度。对于高职院校教学而言，某一知识或某一时段的学习若为学生后续学习打下坚实基础并能促进知识的正向迁移，则意味着质量优异，这往往成为高职教育系统内部成员评判教学质量的重要标准与依据。高职教育教学质量标准的内适性取向，关注的是高职教育机构提供的教育服务在多大程度上满足了教育系统根据教育自身规律而制定的人才培养目标和规格的要求。它体现的是高职教育的学术价值，其实质是知识本位价值观的体现。依据内适性取向制定的高职教育教学质量标准，强调学术导向、教师导向、专家导向，重视的是课程知识、课程体系、教学内容与学术规范本身的自我演绎、自我构建、自我繁衍与自我扩张。

（二）外适性取向

所谓外适，指的是高职教育机构提供的教育服务满足国家、社会需要的程度，它强调的是教育对外部需求的满足程度，即教育是否契合了社会的需要。长期以来，我们强调教育教学要适应并促进社会的发展，要培养社会所需要的人，实质上就是外适性取向的反映。外适性取向的实质是社会本位价值观的体现。依据外适性取向制定的高职教育教学质量标准，强调的是社会导向、市场导向，重视的是外部社会需要在教育系统中的实现程度，并以社会需要的满足、培养社会所需要的人为根本评价准则。

（三）个适性取向

所谓个适，指的是教育满足学生的个性完善与主体性的主动构建、弘扬与完善的程度。这种质量标准的价值取向是在人文主义旗帜下赋予学生以主体地位，强调教育对人之所以为"人"本身而不是作为社会工具的"人"的训练、陶冶与发展，即认为对学生固有潜质的发展与完善的追求要优于外部功利目的或知识的追求。个适性取向的质量标准的实质，是教育的人文质量乃个人本位价值观的体现。依据个适性取向制定的高职教育教学质量标准，强调的是学生导向和人文导向，注重考察高职教育服务在多大程度上适应了受教育者个体自我发展，自我完善的需要。

（四）不同价值取向的整合

内适性取向、外适性取向和个适性取向，是高职教育教学质量标准坐标体系中的三个基本维度。三者的关系是辩证统一的。内适性质量既是高职教育教学质量标准的本质体现，又是高职教育的本质表现，是外适性质量和个适性质量的前提和基础，提升内适性质量的根本目的是提高外适性质量和个适性质量。内适性取向既是高职教育教学质量标准的根本价值取向，又是高职教育的根本价值取向，这是由高等教育传承和创造高深学问的基本价值取向所决定的。在高等教育大众化的前提下，外适性取向和个适性取向是高职教育合法存在的基础，同样也是高职院校教学质量标准中的价值取向。其中个适性取向应该成为高职教育追求的终极目标。因此，高职教育教学质量应该是内适性取向、外适性取向和个适性取向的统一。

四、教学质量标准的哲学分析

教学质量标准和顾客满意标准为我们提供了考察实际教学质量的两个维度。也许有人会问，教学质量约定标准不也是由顾客的需求（质量性）转化来的吗？怎么出现"约定标准高达成"，而顾客反倒"低的满意度"呢？实际上这是完全有可能的。质量约定标准确实是由顾客的要求和期望转化的，但由于转化者自身职业及教育价值观的缘故，在顾客需求和期望向教学质量标准转化时会因标准制定者的偏好出现偏差，也就是说实际得出的质量约定标准很可能不是顾客真正期望的标准，但是它们却以顾客标准的名义通过了。用这样的标准去指导教学、衡量教学，就会出现尽管质量约定标准高达成，但是顾客的满意程度却很低。原因是教学质量标准是"不合理的标准"。

即使质量约定标准是科学合理的，也还是会出现"有偏差的高标准"的情况。学校教学达成高约定质量标准的途径可以有两条：一条是教师通过自身努力，改进教学方法，梳理课程内容，在不增加学生负担的情况下，也能取得"质量标准高达成"结果，在这种情况下，不仅达成了"高约定标准"，而且学生也很满意；另一条是教师自身不努力改进教学方法，只采用简单的、花费时间的办法，如占用学生的课余时间补课、加班加点，或布置大量作业，或频繁的测验考试，靠增加学生的负担取得了"约定标准高达成"的结果，但是学生却很痛苦，没有学习的快乐可言。造成这种状况的原因不是约定标准的问题，而是教学过程的问题。

从教育学和心理学的角度来看，让学生满意、快乐既具有内在价值，又具有对学校教学的工具性价值。所谓内在价值，就是说，让学生快乐、满意本身就是必需的，它是学生生活的一部分，甚至就是人生的追求。所谓工具性价值，是说学生满意和快乐会促进学习成绩和教学效果的达成。因此，从学生顾客这一角度看，顾客满意标准是必需的。

"有偏差的高满意"的教学同样不是我们所追求的高质量的教学。这似乎也有点不符合常理。按照全面质量管理的观点，质量就是实体特性获得顾客满意程度的度量，怎么"顾客高满意"反倒可能不是真正的高质量呢？对于工商企业，不会有"有偏差的高满意"的情况，因为在工商企业那里，顾客总是对的。学校教学则不然，学校教学是一项面向未来的事业，教学除了要考虑学生的现在需要，还要考虑他们走向社会以后的需要。也就是说教学不仅要关注学生现在的满意，也要关注他们将来的"满意"。在有些情况下为了获得将来的满意需要牺牲一定的现在满意。或者从另一个角度来看，现在的满意可能是以牺牲将来的满意为代价的。怀特曾经说过："如果我们的目的是仅仅让孩子们现在得到快乐，那么为什么他们今后的快乐生活就应该抛在考虑之外呢？假设强调眼前的快乐，可能会使得他们今后失去快乐，为什么现在的快乐应该以牺牲将来作为代价呢？另一种说法也存在同样的武断性：如果说成年时的快乐便是一切，甚至可能要牺牲现在的快乐为代价，那么，为什么人生后期的生活应该看得比前期的生活更为重要呢？避免这一武断性的唯一方法是把人生的各个阶段看作同等重要来加以考虑。如果说获得快乐是教育目的，或者说是一种目的，那么这种快乐应该看作是整个一生的快乐。"可见，我们必须在学生的现在的满意和学生将来的满意之间达成某种平衡。调节学生现实快乐和他们将来快乐的关系，实现他们现在快乐和将来快乐的平衡，需要借助已经综合考虑了学生当前需求和未来需求的教学质量约定标准。同时，学校教学的顾客是多种多样的，包括内部顾客和外部顾客。工商企业的各个顾客之间通常没有利益上的冲突，一个顾客的满意一般不会影响另一个顾客的满意。比如有两个顾客同时到一个商店买喝水的杯子，一个顾客对杯子很满意，他的这种满意通常不会影响另一个顾客的满意与否。教育则有很大的不同，因为学生的期望可能和政府、社会的要求不一致，那么过分追求学生的满意可能会牺牲政府和社会的满意。如果我们认为所有的顾客都是同等重要的，我们就不应该只追求某些顾客的满意，而需要平衡各类顾客的满意。平衡各类顾客的满意也需要借助已经综合考虑了各方面需求的教学质量约定标准。不仅如此，学校的教学能力也应该受到尊重，不能超越学校力所能及的范围，这也需要约定标准。

通过以上对教学质量标准的哲学分析，我们可以得出这样的结论：教学质量标准和顾客满意标准对于开展实际教学工作和衡量教学质量都是必需的，不能偏废，最好的办法是达成某种平衡。

第四节　制定教学质量标准的要求与程序

一、制定教学质量标准的要求

（一）开展教学质量标准化工作

标准化可以认为是为在一定范围内获得最佳秩序，对实际的或潜在的问题制定共同的重复使用的规则的活动。可以看出，标准化的实质是通过制定标准、发布标准和实施标准，达到统一，以获得最佳的经济效益和社会效益的过程。标准化的显著特征是要体现其法制性、技术性或管理性。

高职院校实施全面教学质量管理，一项最基本的工作就是标准化工作。高职院校的标准化工作，是指为了促进学校各项工作有效运行，在各个方面制定并实施规则。高职院校标准化工作是一项综合性基础工作，它为教育教学及其相关活动建立一定的秩序，使各部门按照一定的规则行事，使教育、教学各环节的动作协调一致，使学校的各种活动遵循共同的准则，使复杂管理系统化、规范化、简单化，保证教育教学能够高效运行。

教学质量标准化工作的范围十分广泛，一般可分为下面四大类：

1. 学生质量标准

学生质量标准是指对学生发展水平的规定，包括德、智、体、美等几个方面。学生质量标准是学校教学质量管理的归宿。

2. 工作质量标准

工作质量标准是指对学校各方面工作的规定和要求，包括教学工作标准、教务工作标准、学籍管理标准、实验室使用规程等。工作标准是保证教学质量的基础。

3. 管理质量标准

管理质量标准是涉及学校整个管理体制和制度的标准，即对机构管理程序、岗位职责、部门间协调办法、信息沟通途径等做出的统一规定的要求。管理质量标准是学校教学质量管理的依据。

4. 服务质量标准

服务质量标准是指后勤服务及其他服务的标准和规范。

（二）建立教学质量标准体系

由于教学质量是一个综合性的指标，是师资力量、教学条件、管理水平、授课水平、学生素质、学习质量等多种因素综合作用的结果。因此，高职院校实施教学质量管理，必须建立教学质量标准体系。教学质量标准体系体现培养人才的方向和质量规格，决定教学工作的目标和模式。在开展标准化工作，制定教学质量标准体系时，应考虑以下指标：

1. 师资水平，指任课老师的学历、职称、开课能力、教研能力和科研水平，这是影响教学质量的关键因素。

2. 教学条件，指教学仪器设备（包括现代化多媒体教学设备）、教学实习基地、图书资料等。这是影响教学质量的基本因素。

3. 管理水平，指教学管理者的素质、水平、能力，教学管理文件是否完整，教学管理制度是否健全，组织教学管理是否严密等。这是影响教学质量的重要因素。

4. 授课水平，指授课老师的教学态度、讲授内容、教学原则、教学方法、教学效果等。这是影响教学质量的根本因素。

5. 学生素质，指学生的文化知识基础、智力水平、思想素质、学习目的、学习态度和学习方法等。这是影响教学质量的主要因素。

6. 学习质量，指学生学习效果，包括知识面、知识量、智力发展、能力提高、思想进步、个性发展等方面，并体现在考试的平均成绩、及格率、优秀率等指标上。这是影响教学质量的决定因素。

为了使质量标准在学校教学质量管理中能够起到应有的作用，各项质量标准的制定一般应符合以下一些具体要求：

1. 权威性。质量标准是学校的法规，各部门、每个人必须自觉遵守、坚决执行，不能随心所欲。为此，制定的质量标准必须提交学校教学质量管理委员会或相应的机构审定通过，并以学校文件形式正式发布，以体现质量标准的权威性。

2.群众性。标准化工作涉及的面很广、工作量大，要在总结经验的基础上，有组织地依靠群众，分门类地制定各项质量标准。

3.科学性。要充分利用现代化管理技术，力求使制定的质量标准客观、实用。

4.明确性。标准要成文，内容要明确，要求要具体，叙述要简明，要避免过分抽象和模棱两可。

二、制定教学质量标准的程序

制定教学质量标准是一项规范性、系统性要求很强的工作，要采用科学的方法进行分析和制定，有目标，有计划、有步骤地进行。教学质量标准制定的一般步骤和方法如下：

1.明确任务，拟定计划

各类教学质量标准的制定，一般都要由各专业的专家教授和教学人员组成标准制定小组，在主管部门领导下开展工作。在明确任务的基础上，应提出具体的制定标准实施计划，报请主管部门批准执行。制定标准实施计划应包括下列内容：教学质量标准项目名称——项目总名称及所辖分项目标准的名称；任务要点——制定教学质量标准的依据、目的、意义及主要工作内容；工作步骤及计划进度；工作单位及分工；制定教学质量标准过程中可能存在的问题及准备采取的对策、措施等。

2．深入调查，收集资料

调查研究的内容包括：国内外有关的学校质量标准资料；学校质量标准化对象的历史和现状，有关方面的科研成果、实践经验和技术数据的统计资料；有关方面的意见和要求等。调查时要做到三个结合：收集资料与现场调研结合；典型调查与普查结合；内部资料与外部资料结合。注重深入教师队伍，深入教学第一线，掌握一手资料。调查工作完成后，要进行归纳、总结、写出调查报告，报主管部门。

3．编写质量标准初稿

在掌握情况的基础上，对各种资料、数据进行统计分析和综合研究，然后着手编写教学质量标准初稿。编写的初稿应附《编写说明》，主要内容有：制定该标准的依据；编制的简单经过；主要数据的确定原则；主要分歧意见及处理；贯彻措施建议与贯彻中可能出现的问题；存在不足与需要上级解决的问题。

4，征求意见和修正

初稿完成后，连同《编写说明》发往有关单位征求意见，组织有关人员进行讨论。并组织在教学质量管理实践中试用，收集使用意见。然后反复修改，作为送审稿提交审查和审批。

5．质量标准的审批

教学质量标准送审稿完成后，送主管部门审查。送审稿由各有关专家和部门参加的标准审查会议审查通过后，再整理成报批稿上报待批。一般校内质量标准由校教学质量委员会或校董会批准，对一些重要标准或涉外标准，应报上级部门审批或备案。

三、教学质量标准的实施

制定教学质量标准的目的，是运用和对照标准控制高职教育教学质量，因此，关键要抓好标准的实施，并在实施中不断修订、完善。教学质量标准的贯彻大致可分为计划准备、组织实施、对照检查、总结处理等步骤。贯彻实施教学质量标准，首先要订出一个切实可行的计划，进行必要的准备。准备工作大致包括思想准备、组织准备、技术准备、物质准备等方面的内容。根据不同的情况，在标准的实施过程中应及时进行检查，通过检查进行比较找出成功的经验与失败的教训。总结包括技术上的总结、方法上的总结，还包括对下一步贯彻工作提出意见和建议。

作为质量准则和依据的统一规定，高职教育教学质量标准不应当成为学校各类人员进行教学质量改进的障碍，标准的制定和实施带有一定的强制性。但教学工作或人才质量是否满足学生、家长和社会的实际需要，并不是标准所能规定的，而是由最终用人单位和消费者进行评价。教学质量标准只能规定教学质量特性的某些方面，规定教学质量工作的最低要求。在教学质量改进工作中，实施教学质量标准，各类人员要勇于发挥自己的创造性，依据教学质量目标的基本要求，不断改进教学质量工作，促进教学质量持续提高。同时，在教学质量标准的实施过程中，要根据社会发展对人才质量及教学工作质量不断变化的要求，适时地、迅速地修改既定的教学质量标准。正如日本的石川馨博士所说，国际标准、国家标准以及组织内部的标准，都不能说是完整无缺的，通常都有某些缺欠。而且消费者的需求经常变化，逐年提高，制定的质量标准也会很快落后于时代，因此，必须经常检查、修订和提高教学质量标准，使教学质量标准及时适应新的形势需要，保证教学质量不断提高。他甚至明确提出："质量标准半年没有修订就证明没有使用。"这些对于高职院校教学质量管理来说，很有启发。

参考文献

[1] 袁小媛. 高职师范院校外国文学课程思政教学路径研究 [J]. 现代职业教育,2023,（36）：62-65.

[2] 黄丽霞，唐懿芳. 高职现代产业学院模式下的教学改革探索——以人工智能应用导论课程为例 [J]. 现代职业教育，2023，（36）：130-133.

[3] 吕雪明，王萍，柳岸敏. 高职全员设备维护（TPM）课程 OBE 教学改革研究 [J]. 现代职业教育，2023，（36）：102-105.

[4] 文聪敏. 基于 5G 虚拟仿真平台的混合式教学探索与实践 [J]. 现代信息科技，2023，7（24）：175-178.

[5] 辜筠芳. 成果导向教育理念下的高职院校教学督导 [J]. 宁波教育学院学报，2023，25（06）：76-79.

[6] 张淑静，毛志建，袁哲茜，唐青玉. 人工智能背景下高职财务会计类专业教学改革研究 [J]. 互联网周刊，2023，（24）：77-81.

[7] 余虹. 高职院校创新创业教育教学存在不足及对策分析 [J]. 人才资源开发，2023，（24）：30-32.

[8] 杜振宁，孙启昌. 数字赋能高职教育教学改革探索与实践——以杨凌职业技术学院为例 [J]. 杨凌职业技术学院学报，2023，22（04）：43-46.

[9] 达朝锦，卢玉彬，吕香茹，吉珍颖，张誉馨.高职护理教育智慧课堂教学行为特征研究——全国职业院校技能大赛教学能力比赛一等奖视频分析[J].卫生职业教育，2023，41（24）：15-19.

[10] 刘海滨，潘可礼.高职院校思想政治理论课空间性教学模式探析[J].扬州大学学报（高教研究版），2023，27（06）：111-118.

[11] 李雨竹.高职院校"非遗进校园"教育实践模式探索——以中国娃娃非遗课堂为例[J].四川省干部函授学院学报，2023，（04）：90-94.

[12] 安惠敏，刘立新，高峰.基于OBE理念高职学前教育专业"课岗证赛"融合的课程教学改革研究——以《幼儿园教育活动设计》课程为例[J].沧州师范学院学报，2023，39（04）：119-124.

[13] 张耀民，贺国旗，韦钰.以就业为导向高职院校电子信息类专业教育教学改革探究——以陕西工商职业学院为例[J].陕西开放大学学报，2023，25（04）：91-94+96.

[14] 胡志飞.数智融合支持下高职课堂教学改革的形态表征、内在机理和转型路径[J].教育与职业，2023，（24）：90-95.

[15] 高锐.高职院校实施学分制改革的探索与研究[J].科教文汇，2023，（23）：147-150.

[16] 王艳歌.高职计算机基础智慧课堂的改革与实践研究[J].河北软件职业技术学院学报，2023，25（04）：56-58+63.

[17] 胡献宇.Web开发实践类课程教学模式改革探索[J].河北软件职业技术学院学报，2023，25（04）：59-63.

[18] 李晓龙 . 高职院校 "建筑材料" 课程教学改革研究 [J]. 教育教学论坛，2023，（50）：77-80.

[19] 罗少玉 . 生源多样化背景下高职移动商务专业分类培养分层教育模式探索 [J]. 现代商贸工业，2024，45（02）：257-259.

[20] 王祥祯 . "课堂革命" 背景下 "三阶八步" 教学模式在数控加工实训中的应用 [J]. 科技风，2023，（34）：73-75.

[21] 丛心尉 . "互联网＋教育" 背景下高职院校数学教学模式的研究 [J]. 科技风，2023，（34）：67-69.

[22] 张新蕾，李鑫，孙拴虎 . "1+X" 建筑工程识图证书下高职院校《建筑制图与识图》课程改革研究 [J]. 砖瓦，2023，（12）：163-165.

[23] 周怡宏，沈明泓，王冬 . 深度学习理论下高职劳动教育课堂教学探索 [J]. 职业教育研究，2023，（12）：25-29.

[24] 蒲青，杜琳，宋涵，沙悦 . 善用 "大思政" 推进文献检索课程教学方法改革 [J]. 云南开放大学学报，2023，25（04）：58-62.

[25] 陈曦，钟金凤，文野 .《动物微生物与免疫》课程 "岗课证" 融通教学模式改革与探究 [J]. 经济师，2023，（12）：169-170.

[26] 雷群泌，李欢玉，谢茂康，梁称福 . 新时代高职院校三级教学督导体系的构建和实践研究——以湖南环境生物职业技术学院为例 [J]. 经济师，2023，（12）：173-174.

[27] 尚云冰，高菲 . 高职医学专业课程思政教学设计与实施研究——以中医经典课程为例 [J]. 中国中医药现代远程教育，2023，21（24）：18-21.

[28] 江丹芝．廉洁教育在高职院校思想道德与法治教学中的渗透运用探索 [J]. 现代职业教育，2023，（34）：61-64.

[29] 全嘉乐．基于教育生态视域的高职英语教学改革研究 [J]. 陕西教育（高教），2023，（12）：73-75.

[30] 王莉莉．高职学前教育专业普通话教学策略研究——以 F 职业技术学院为例 [J]. 职业技术，2024，23（01）：93-98.

[31] 向琼，李思玲，林仕彬．建构主义视域下学习力导向教学改革的探索与实践 [J]. 教育与职业，2023，（23）：95-100.

[32] 王倩．新一代信息技术背景下高职计算机基础课程教学模式探究 [J]. 办公自动化，2023，28（23）：24-26.

[33] 郑景云．工匠精神融入高职院校教育教学全过程的研究与实践 [J]. 继续教育研究，2024，（01）：108-112.

[34] 丁立璇．美育背景下高职学前音乐教育的现状分析与策略研究 [J]. 佳木斯职业学院学报，2023，39（11）：106-108.

[35] 宋艳艳，赵展春．"以学习为中心"高职教育教学范式改革的内涵要义研究 [J]. 佳木斯职业学院学报，2023，39（11）：190-192.

[36] 邝希，王瑞昙，冯华诺，周凡冰，林秀金，罗春元．混合式教学在高职药学专业《生物化学》教学中的应用研究 [J]. 继续医学教育，2023，37（11）：85-88.

[37] 张哲宇．高职学前教育专业《学前儿童发展心理学》教学中的师德渗透研究 [J]. 西部学刊，2023，（22）：103-106.

[38] 郑成栋，郭光武．高职院校教育信息化应用现状及问题研究 [J]. 中国教育技术装备，1-4.

[39] 廉东昌．"课堂革命"对高职英语学习成效影响的实证研究 [J]. 湖北开放职业学院学报，2023，36（22）：168-170.

[40] 孙海哨．高职院校市场营销学课程教学改革研究 [J]. 湖北开放职业学院学报，2023，36（22）：175-176+179.

[41] 陆孟兰．陆孟兰．高职院校思想政治理论课教育教学创新研究 [M]. 云南大学出版社：202205.137.

[42] 李志河，王亚捷，孙建平．李志河；王亚捷；孙建平．现代教育技术应用 [M]. 北京师范大学出版社：202202.396.

[43] 刘赟宇．泛在学习视域下高职教育教学模式研究 [D]. 天津职业技术师范大学，2020.

[44] 张继文，车洁．张继文；车洁．高职日语教学研究 [M]. 武汉大学出版社：201807.173.

[45] 余建军．余建军．基于 CDIO 工程教育模式的高职教育教学改革研究 [M]. 浙江工商大学出版社：201710.249.

[46] 周海涛．教育教学信息化在唐山市高职排球教学中的应用研究 [D]. 河北师范大学，2016.

[47] 崔海颖．基于就业导向的高职院校教育教学管理改进研究 [D]. 内蒙古师范大学，2016.

[48] 易佳睿．MOOC 背景下高职教育教学资源库建设研究 [D]. 天津大学，

2016.

[49] 董仙怀 . 研究型教学在高职教育中的应用研究 [D]. 浙江师范大学，2014.

[50] 李奇颖 . 高职教育西班牙语教学管理研究 [D]. 燕山大学，2013.